はじめて相続税評価を行う税理士のための

相続税・贈与税

土地評価に係る資料の収集と分析

事前資料から推測する減価要因

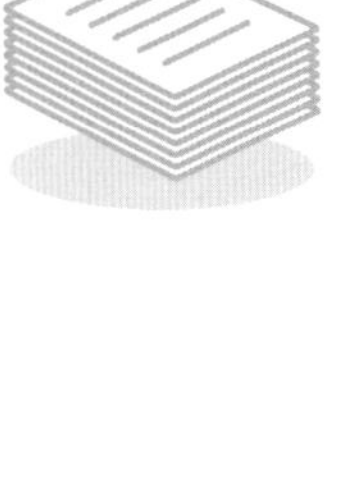

税理士・不動産鑑定士
新富達也 著

はしがき

相続税の申告は、相続の開始があったことを知った日の翌日から10か月以内に行わなければなりません。

しかし、申告書はすぐにできるというものではなく、相続人の確定、相続財産の調査（及び換価)、遺産分割協議という一連の相続手続き（以下、「遺産整理業務」といいます）が一通り終わってはじめて最終的に作成できるものであり、これを10か月以内に滞りなく進めるには相当の困難が伴います。

相続財産のうち、約35％は土地が占めています(※)が、他の財産と異なり、不動産の評価に当たっては、資料の収集及び整理、現地調査、役所調査など、必要となる手続きが多いにもかかわらず、遺産整理業務においては、相続財産の調査における単なる一構成要素に過ぎず、そこに割くことができる時間は非常に限られているといわざるを得ません。また、基礎控除額の引下げにより、継続的に税理士が関与していない人の相続税申告案件も増えており、案件を受託した段階では土地評価に必要な情報はほとんどないということもみられるようになってきました。

（※） 国税庁「令和２年分相続税の申告実績の概要」によれば、令和２年の相続財産の金額のうちに土地の金額の占める割合は、34.7％、家屋の金額の占める割合は、5.3％となっています。

相続税申告、贈与税申告のための土地評価は、実務上、特段の事情のない限り財産評価基本通達の規定に沿って評価することになりますが、この通達は前述の土地評価に当たって必要となる手続きが終わっていることを前提にした書きぶりとなっています。つまり、必要な手続きが相応に行われていれば対象地の持つ担税力に応じた評価になりますが、必要な手続きが行われていない場合には、本来通達で認められている評価減を見落とし、過大に評価してしまうというリスクを内包しているのです。

一般的に土地評価は、現地調査が最も重要であるといわれており、筆者もこれを否定するものではありませんが、相続税申告における土地評価の流れは、「納税者との面談⇒資料の収集⇒現地調査・役所調査⇒資料の整理⇒土地及び土地の上に存する権利の評価明細書の作成」であることを勘案すると、限られた時間内に精度の高い土地評価を行うためには、いかに評価に必要となる資料を確実に収集・整理できるかにかかっているといえましょう。

そこで本書では、土地評価に必要となる資料に焦点を絞って、実際の業務の流れに沿って、紹介、説明していきます。しかし、資料の細かい読み方の説明は、あえて最小限にとどめ、事例コラムにより、これらの資料がない場合、あったとしても読み飛ばした場合に、評価主体である税理士や納税者にどのようなリスクが生ずるのかを読者が具体的にイメージできるように努めました(事例コラムはいずれも筆者が実際に関与した事実関係を基にしています)。

なお、本書における記載は、筆者の税理士・不動産鑑定士として土地の相続税（贈与税）評価を行ってきた経験に基づくものであり、あくまで私見であることをご理解いただければ幸いです。

また、本書で紹介している図等については、筆者の経験に基づくものですが、実際の評価事例とは無関係であることにご留意ください。

最後に、本書執筆に当たり、株式会社税務経理協会の中村謙一氏には、本書の構成から遅々として進まぬ原稿執筆に至るまで大変お世話になりました。この場を借りて心から御礼を申し上げます。

2023年3月

新富 達也

Contents

はしがき

第１章　資料の収集及び整理の意義

1 資料の収集及び整理は現地調査の前提条件　2

2 資料の収集の順序　4

3 資料をどう整理するか　5

1 街路条件　5
2 行政的条件　6
3 画地条件　6
4 その他の条件　7
5 権利の態様　8
6 一覧表の例　8

4 土地の相続税評価に潜むリスク　11

1 モノとしてのリスク　11
2 権利としてのリスク　15
3 評価単位のリスク　16

5 土地の相続税評価に必要な知識と経験　17

第２章　納税者から収集する資料

1 基本的な資料　24

1 対象地の固定資産税課税明細書　24
2 実測図　25

3 賃貸借契約書等 26
4 確定申告書 30
5 土地の無償返還に関する届出書 31

2 さらに取得・確認しておくと便利な資料等 34
1 地上建物の設計図書・竣工図等 34
2 地籍調査の資料 36
3 土地の購入時・売却時の資料 38
4 土壌環境調査報告書 38
5 委任状 39
6 土地の利用状況等のヒアリング 41

第3章 法務局（登記情報提供サービス）で収集する資料

1 基本的な資料 54
1 ブルーマップ 54
2 全部事項証明書（登記事項） 54
3 公図 60
4 地積測量図 64
5 建物図面・各階平面図 66
6 地役権図面 68

2 さらに取得・確認しておくと便利な資料等 70
1 法務局における地図作成作業の確認 70

第4章 その他税理士が収集する資料

1 基本的な資料 86
1 位置図 86
2 住宅地図 88

3　路線価図　90

2　さらに取得・確認しておくと便利な資料等　95

1　全国地価マップ　95

第5章　役所で収集する資料

1　基本的な資料　106

1　都市計画情報　106
2　道路情報　108

2　さらに取得・確認しておくと便利な資料等　114

1　名《な》寄《よせ》帳《ちょう》　114
2　家屋課税台帳・家屋補充台帳　116
3　建築計画概要書・検査済証　116
4　埋蔵文化財包蔵地　122
5　土壌汚染関連情報　126
6　土砂災害特別警戒区域に関する情報　128
7　給水装置等情報　129
8　下水道台帳　131
9　都市ガスの配管情報　132
10　白《はく》図《ず》（地形図）　133
11　地籍調査の有無　135

【凡例】

評基通…財産評価基本通達
措法…租税特別措置法

事例コラム

① きっちり調べたつもりでも落とし穴があるのが相続税評価 …… 18

② 売却における実測が遅れ、初の相続税評価に実測数量を反映できなかったため、税申告後税務署から指摘されたケース …… 43

③ 売却時の重要事項説明書をチェックしなかったため、地下埋設物の存在による評価減を失念したケース …… 44

④ 委任状をあらかじめ取得していなかったため、名寄帳の取得や未登記建物等の確認ができなかったケース …… 47

⑤ 相続人からの土地利用状況のヒアリング等が甘く、現地調査を繰り返してしまったケース …… 49

⑥ 申告期限時の賃貸状況の確認が甘く、選択特例対象宅地等が過大となったケース …… 50

⑦ 敷地の中に無番地があるが、赤道《あかみち》か水路か分からないケース …… 72

⑧ 周辺地番の土地の登記事項の確認を怠ったため、相続財産である私道の計上を漏らしたケース …… 75

⑨ 登記清報提供サービスの情報だけに頼ったため、土地の所在を誤りそうになったケース …… 77

⑩ 登記事項に記載されている建物を相続財産と考えていたが、その建物が現存せず全く違う建物が対象地にあったケース …… 79

⑪ 詳細な測量図等を取得せず公図だけでかげ地割合等を査定して評価した結果、実態を反映していない相続税対策となってしまったケース …… 81

⑫ 相続税・贈与税の土地評価で揃えておくべき備品 …… 99

⑬ 固定資産税路線価のチェックを怠ったため、特定路線価の推測ができなかったケース …… 101

⑭ 役所のホームページ等で得られる情報の例 …… 137

⑮ 地籍調査のチェックが漏れたため、2度評価することとなったケース …… 138

⑯ 道路境界図を取得しなかったため、対象地に不特定多数の者の通行の用に供されている道路が含まれていることが分からなかったケース …… 141

⑰ 容積率のチェックをせずに遺産分割協議をしたため、分割後の各土地の上に存する建物の実際使用容積率が基準容積率を超過したケース …… 144

第 1 章

資料の収集及び整理の意義

1 資料の収集及び整理は現地調査の前提条件

土地の相続税評価に当たっては、原則として現地調査を行い、これが重要であるということを認識している人は多いでしょう。しかし、現地調査とは、対象地の持っている特徴に関する情報（登記情報、地図情報、対象地を取り巻く公法上の規制に関する情報）をあらかじめ準備し、その資料と現地で得られる情報を照合する作業をいいます。

この照合を行うことにより、対象地の真に有している特徴（地積・形状など）に近づくことができますし、資料の不足や誤りなどについても気付くことができるのです。そして、このように得られた情報及び作業を行ってはじめて対象地の有する特徴を反映した評価が可能になります。

もし、これらの資料を持たず、「手ぶらで」で現地に出向いたとしても「ただ眺めている」に過ぎません。税理士が行う土地の現地調査に同行していると、事務所の所長以下何人も現地に来ているにもかかわらず、ただ「眺めているだけ」、「お客様と雑談しているだけ」のシーンに出くわすことがありますが、これでは対象地の真に有している特徴に近づくこともできませんし、資料の誤り等にも気付くこともありません。そして残念ながら、住宅地図や登記簿・公図といった比較的容易に取得できる資料を使って想定整形地を描き、かげ地割合を査定し、今、目の前にあるがけ地、道路との高低差、上空にある高圧線を見逃して評価明細書を作成し、相続税申告するものと容易に想像がつきます。

財産評価基本通達にも対象地をどのように調査するかについては規定はありませんので、それ自体間違っていると断定することはできません。しかし、登記簿記載の地積が実際の地積よりも小さい場合は、後日の税務調査により相続税の追徴課税がなされることになります。

また、がけ地、道路との高低差、上空にある高圧線を見逃しているのであれば、納税者は本来の相続税額よりも高い相続税額を支払うことになります。

高額な相続税を支払ったとしても税務調査が入ることはないと思われますが、他の税理士が当初申告の内容をチェックする「セカンドオピニオン」により、更正の請求が認められない場合は損害賠償請求が行われる事態も考えられます。

このように、資料の収集及び整理は現地調査の前提条件であるといえるのです。

また、評価業務に慣れてくると、全ての資料の収集及び整理はできていなくても、とりあえず現地調査を行い、その後に公法上の規制などの資料を役所で揃えるなど臨機応変な対応も可能になりますが、少なくとも登記情報や地図などの物的確認に必要な資料は現地調査に先立って揃えておきたいところです。

2 資料の収集の順序

土地の相続税評価に必要な資料は、住宅地図、登記事項、公図、地積測量図、建物図面・各階平面図、固定資産税課税明細書、設計図書（竣工図）、土地確定測量図、賃貸借契約書、対象地の公法上の規制に関する情報、道路台帳等々多岐にわたり、初めて土地の相続税評価に携わる人にとってはそれだけでも「目の回る」ものかもしれません。

しかし、資料の収集先は概ね、納税者、法務局（登記情報提供サービス）、役所、その他に分けられるので、以下の順序で収集していくと無駄が少ないと思われます。

① 納税者から資料を取得（第２章）
② 法務局（登記情報サービス）から資料を取得（第３章）
③ ①・②以外で必要な資料を税理士が取得（第４章）
④ 役所から資料を取得（第５章）

本書では、納税者から資料を取得することを最初に掲げていますが、これは所有者である相続人（被相続人）の手元には対象地に関する概略的な情報があることが多く、これを端緒に、収集する資料の範囲を広げていくのが合理的だからです。

3 資料をどう整理するか

資料は収集するだけではなく、価格形成要因別に整理しておくと、円滑な現地調査、評価額算出作業に役立ちます。価格形成要因とは不動産鑑定評価の用語となりますが、相続税評価で重視する価格形成要因は、以下のとおりです。

① **街路条件**
② **行政的条件**
③ **画地条件**
④ **その他の条件**
⑤ **権利の態様**

1　街路条件

対象地が接面している街路（以下「道路」といいます）の幅員・構造等の状態、道路の系統及び連続性などがこれに当たります。この中で土地の相続税評価において必要となるものは、幅員、連続性です。

幅員は、建築基準法の建築確認を行うときに使う幅員で、歩道や側溝がある場合にはこれらを含んだ幅員であることが多く、厳密には、建築許可を担当する役所の建築指導課等において確認する必要があります（下図参照）。これが4m 未満の場合にはセットバックを必要とする宅地の評価（評基通 24-6）の話が出てくる可能性が高いので必ずチェックが必要となります。

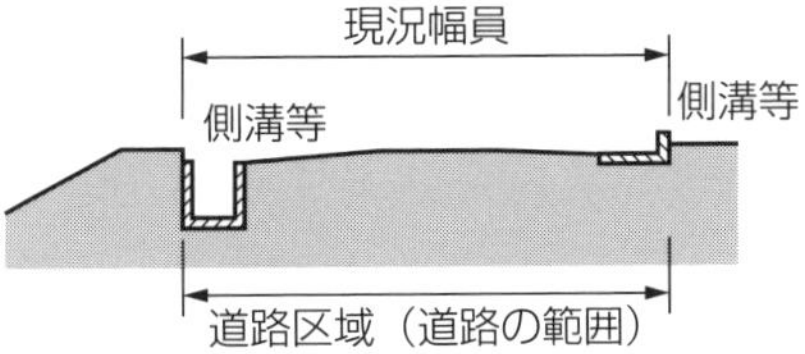

（出典：横浜市ホームページ）

また、連続性とは、道路の両端が他の道路に通じていて通り抜けできるのか、通じていても大通りまでは曲がり角などが多く通りづらいのか、行き止まりなのかをいいます。行き止まり道路の場合、路線価が付されていないことが多いほか、私道の評価が必要となる場合があるので、行き止まりであることだけでなく、道路の利用者はその道路に接面している土地やその上にある建物の所有者や賃借人だけなのか、ある１人の土地所有者だけなのかなどを隣接地の登記事項等によりチェックする必要が出てきます。

2　行政的条件

対象地の利用に関する都市計画法や建築基準法の規制などがこれに当たります。

具体的には、市街化区域・市街化調整区域の別、用途地域、容積率、都市計画道路の拡幅予定の有無とその範囲、建築基準法上の道路種別などが土地の相続税評価で必要となります。

市街化区域・市街化調整区域の別、容積率は、土地が所在する各自治体の都市計画で定められるもので、地積規模の大きな宅地の評価（評基通 20-2）においてその情報が必要となってきます。

また、都市計画道路の拡幅予定の有無とその範囲は、都市計画拡幅予定地を含む宅地の評価（評基通 24-7）においてその情報が必要になってきます。

さらに、建築基準法の道路種別は、道路が建築基準法 42 条 2 項に規定する道路（以下、「2 項道路」といいます）の場合、前記のセットバックを必要とする宅地の評価（評基通 24-6）においてその情報が必要になってきます。

3　画地条件

対象地の間口、奥行、地積、形状、道路との高低差、角地、傾斜の有無、高圧線下地などがこれに当たります。これらはどれも相続税評価において必要となってくるものなので、漏れのないように整然とチェックしておくことが望ましいです。

道路との高低差、傾斜の有無は現地に行かなければ把握することは難しいと思われますが、その他は、地図などの活用によりある程度把握できるので、予め机上でチェックしておくと、現地調査の時間短縮に繋がります。

4　その他の条件

埋蔵文化財の存否、地下埋設物の有無、土壌汚染の有無などがこれに当たります。埋蔵文化財とは、周知の埋蔵文化財包蔵地のことで、対象地が周知の埋蔵文化財包蔵地に該当し、調査の結果、本発掘調査を要すると判定され、その調査費用が客観的・具体的に計算されている場合には、当該調査費用相当額を対象地が埋蔵文化財包蔵地ではないと仮定した場合の評価額から控除することができると考えられます（平成20年9月25日国税不服審判所裁決）。

また、地下埋設物とは、対象地に埋めてあった従前建物取壊し時の廃材等のことで、これがあることが判明し、これを撤去する費用が客観的・具体的に計算されている場合には当該費用を路線価相当額に引き直した額を、対象地に廃材等が埋まっていないと仮定した場合の評価額から控除することができると考えられます。

土壌汚染についても、対象地が特定有害物質により汚染されていることが判明し、その除去費用が客観的・具体的に計算されている場合には、当該除去費用を路線価相当額に引き直した額を対象地が土壌汚染地でないと仮定した場合の評価額から控除することができます（平成16年7月5日資産評価官情報第3号「土壌汚染地の評価等の考え方について」）。

上記**1～3**の条件と比較すると、事実の発生だけではなく、具体的な調査費用や除去費用の算定まで求められていることから、土地の相続税評価において実際に考慮することは非常に少ないと思われますが、万一該当する具体的な事実などがある場合には、評価額に与える影響が大きいのでチェックを怠ることはできません。

5　権利の態様

上記 **1**～**4** の整理により、対象地の「モノ」としての確認資料の整理は概ね終了しますが、対象地が賃貸に供されている場合（貸地の場合)、対象地にある建物が賃貸に供されている場合（貸家建付地の場合）には、土地賃貸借契約書や建物賃貸借契約書、賃貸していることが分かる確定申告書の控、預貯金通帳や領収書の控が必要になります。また、同族関係者間の土地賃貸借の場合には「土地の無償返還に関する届出書」の控も収集しておく必要があります。

6　一覧表の例

参考として、当事務所で実際に使用しているものをベースにしたものとなりますが、収集した資料から得られる情報を整理するための一覧表を次頁に示します。このように一覧表にし、収集した情報を記入していくようにしておくと、調査漏れを防ぐことができ、いざ評価作業を行うときにはほぼ全ての情報が網羅されているので、増減価要因の考慮漏れを防ぐことができます。

相続税評価物件確認一覧表

確認日
担当者

現地調査

所在						
道路	幅員			接面状況		
	方位	( )	m	等高 ( ) m 高い・低い		
	方位	( )	m	等高 ( ) m 高い・低い		
	方位	( )	m	等高 ( ) m 高い・低い		
	方位	( )	m	等高 ( ) m 高い・低い		
敷地の外周	方位	( )	m	方位	( )	m
	方位	( )	m	方位	( )	m
	方位	( )	m	方位	( )	m
	方位	( )	m	方位	( )	m
敷地内高低差	位置	( )	m			
がけ地	方位	( )	傾斜度・面積	( ) 度・面積 ( ) m^2		
傾斜地	位置	( ) 周辺	傾斜度	( ) 度		
高圧線下地	位置	対象地の ( ) 周辺上空				
	区分地上権 登記	有・無	管理会社			
	鉄塔情報	番号 ( )				

役所調査

道路	道路台帳等の幅員			建築基準法の道路か
	方位	( )	m	42 ① ( )、42 ②、43、その他
	方位	( )	m	42 ① ( )、42 ②、43、その他
	方位	( )	m	42 ① ( )、42 ②、43、その他
	方位	( )	m	42 ① ( )、42 ②、43、その他
	上記で 4m 未満、42 ②の場合セットバックが必要か窓口確認必要			
	照会先 ( ) 連絡先 ( )			
都市計画	線引き等	市街化、調整区域、非線引き、準都市、都市計画外		
	用途地域 建ぺい率 容積率	対象地の全域、( ) 側 ( ) m^2		
		( ) 地域、用途地域指定なし 指定建ぺい率 ( ) % 指定容積率 ( ) %		
		対象地の全域、( ) 側 ( ) m^2		
		( ) 地域、用途地域指定なし 指定建ぺい率 ( ) % 指定容積率 ( ) %		
	都市計画道路	対象地の ( ) 側、約 ( ) m^2 完了済、なし ☆該当する場合、その位置を図面に詳細を記載すること		
	照会先 ( ) 連絡先 ( )			

周知の埋蔵文化財包蔵地	・全部が（　　）遺跡に該当する ・対象地の（　　）部分が（　　）遺跡に該当する ・該当しない ・該当する場合の所有者が負担すべき調査費用（　　）円/m^2
	照会先（　　）連絡先（　　）
土壌汚染の有無	水質汚濁防止法の特定事業場該当（する、しない、過去にした） 下水道法の特定事業場に該当（する、しない、過去にした） その他の条例の特定事業場の該当（する、しない、過去にした） 要措置区域に該当（する、しない、過去にした） 形質時変更要届出区域に該当（する、しない、過去にした）
	照会先（　　）連絡先（　　）
土砂災害特別警戒区域	土砂災害特別警戒区域・土砂災害警戒区域・なし
	照会先（　　）連絡先（　　）

役所調査（その他）

特別緑地保全地区等	許可・届出
	規制される行為
	照会先（　　）連絡先（　　）
自然公園法	該当する・該当しない 名称（　　）
	特別地域（許可）・普通地域（届出）
	規制される行為
	照会先（　　）連絡先（　　）
環境条件（特定路線価・物納）※	上水道　あり・引込可・なし 専用水道　あり・引込可・なし
	照会先（　　）連絡先（　　）
	公共下水道　あり・引込可・なし 農業集落排水　あり・引込可・なし
	照会先（　　）連絡先（　　）
	都市ガス　あり・引込可・なし
	照会先（　　）連絡先（　　）
地籍調査	市役所　あり・なし 法務局　あり・なし
	照会先（　　）連絡先（　　）
土地賃貸借	契約書　あり・なし 無償返還届出書控　あり・なし 確定申告書控　あり・なし
建物賃貸借	契約書　あり・なし 確定申告書控　あり・なし 稼働率　（　　）m^2÷（　　）m^2

（※）特定路線価の設定申出を行う場合、物納を行う場合にはこれらについても記載しておくべきである。

4 土地の相続税評価に潜むリスク

ここで土地の相続税評価に潜むリスクについて紹介します。これにより資料の収集及び整理の重要性を改めて認識してほしいと思います。

1　モノとしてのリスク

土地そのものに起因するリスクです。例えば、場所の不確定、地積の相違、形状の相違、把握していない土地がこれに当たります。

場所の不確定とは、土地の所在を地図上で確定できないことをいいます。地籍調査等で周辺所有者の間で境界確定ができなかった場合、公図上複数の地番が連続で記載され、それぞれの地番がどこにあり、どのような形状なのか分からないことがあります。この場合、法務局備付の公図等では土地の所在や形状等が分からないということになるので、地上建物の設計図書や建築確認の添付図面、納税者（所有者）からのヒアリング等で推測していく必要があります。

【場所の不確定の例（公図）】

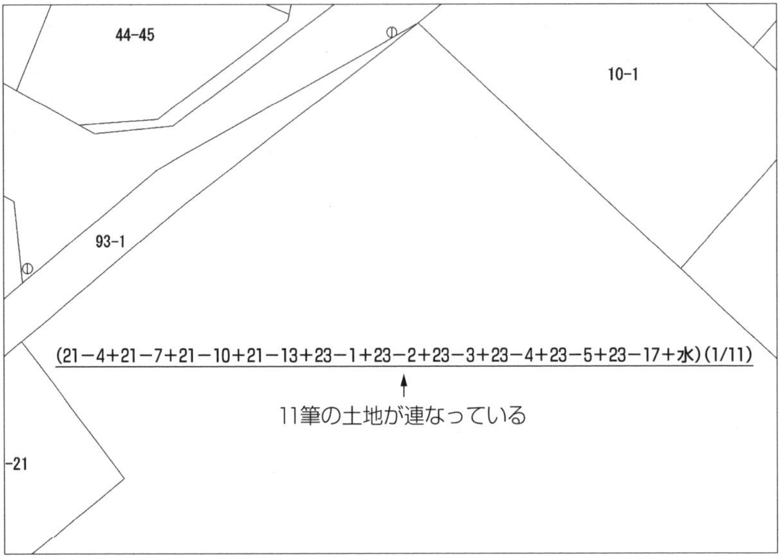

【場所の不確定の例（登記事項）】

表　題　部　（土地の表示）	調製	平成８年１１月２１日	不動産番号	
地図番号	国調筆界未定 Ｂ１−５１−２−３ Ｂ１−５１−２−４ Ｂ１−５１−４−１ Ｂ１−５１−４−２ Ｂ１−５２−１−３ Ｂ１−５２−３−１ Ｂ１−５２−３−２ Ｂ１−５２−３−３ Ｂ１−５２−３−４	筆界特定	平成　年　月　日筆界特定（手続番号平成　年第　号）	

所　在	二丁目	余白

①　地　番	②地　目	③　地　積　㎡	原因及びその日付〔登記の日付〕
番２	宅地	120　：７０	余白
番１３	余白	余白　：	①変更 〔昭和６２年１１月１日〕
余白	余白	余白　：	昭和６３年法務省令第３７号附則第２条第２項の規定により移記 平成８年１１月２１日

権　利　部　（甲　区）　（所　有　権　に　関　す　る　事　項）			
順位番号	登　記　の　目　的	受付年月日・受付番号	権　利　者　そ　の　他　の　事　項
１	所有権移転	昭和　年　月　日 第　号	原因　昭和　年　月　日売買 所有者 順位４番の登記を移記
	余白	余白	昭和６３年法務省令第３７号附則第２条第２項の規定により移記 平成８年１１月２１日
２	所有権移転	平成　年　月　日 第　号	原因　平成　年　月　日相続 所有者

地積の相違とは、登記簿記載の数量と実測数量が異なることをいいます。これは実測をしない限り判明しません。実測を行う動機としては、土地の売却、地籍調査、法務局の地図作成等が挙げられますが、相続開始後間をおかないで土地を売却する場合や、相続開始前後で地積調査や法務局の地図作成が行われている場合は特に注意する必要があります。

もし、近い将来実測が予定されている土地について、従前の登記簿記載の地積で評価し、その後実測が行われ登記簿地積が増えた場合には、後日税務署から修正申告の指摘がある可能性が高くなります。相続税の申告期限までに実測数量が判明するのであれば、当然その数量で評価し、申告を行わなければなりませんし、判明していなくても、公図よりも精度の高い図面による机上概測や土地家屋調査士の測量の結果を踏まえた評価・申告を行った方がリスクは軽減されます。

形状の相違とは、法務局備付の公図の形状と実測等に基づく形状と異なることをいいます。これも、土地売却時の実測や地積調査、法務局の地図作成等により大きく変わることがあるので、地積の相違と同様に十分に注意しなければなりません。

把握していない土地とは、納税者提示の固定資産税課税明細書では把握しきれない土地をいいます。自治体にもよりますが、固定資産税課税明細書には固定資産税評価上評価しない私道が記載されていないことがあります。また、被相続人の実家の所在地に土地を有していることもあります。相続税申告ではこのような土地も評価の対象となりますので、評価漏れ（申告漏れ）は許されません。

したがって、被相続人の住所地等の固定資産税課税明細書だけでなく、名寄帳を確認するとともに、所有者へのヒアリングや登記簿における共同担保目録の確認が必要になります。共同担保目録は、銀行などが担保価値を漏れなく把握するために、複数の不動産を担保にしている場合に登記簿に記載される書類です。私道だけに接面している宅地の場合には、実際に建物が建っている宅地（実務上「有効宅地」と呼んだりします）とともに担保にしている私道の地番やその他の土地や建物も一緒に記載されているので大いに参考となります。

【有効宅地と私道の確認】

〈実際に建物が建っている土地（有効宅地）の登記事項〉

<table>
<tr><td colspan="2">表　題　部　（土地の表示）</td><td>調製　平成１３年１１月２１日</td><td>不動産番号</td></tr>
<tr><td>地図番号　余白</td><td colspan="3">筆界特定　余白</td></tr>
<tr><td colspan="3">所　在　○○市○○○ 一丁目</td><td>余白</td></tr>
<tr><td>① 地　番</td><td>②地　目</td><td>③　地　　積　㎡</td><td>原因及びその日付〔登記の日付〕</td></tr>
<tr><td>６番３</td><td>宅地</td><td>８００　８０</td><td>余白</td></tr>
<tr><td>余白</td><td>余白</td><td>余白</td><td>昭和６３年法務省令第３７号附則第２条第２項の規定により移記
平成１３年１１月２１日</td></tr>
<tr><td>余白</td><td>余白</td><td>７９０：８０</td><td>③６番３，６番１２に分筆
〔平成１５年９月１日〕</td></tr>
<tr><td>余白</td><td>余白</td><td>２５０：５０</td><td>③６番３，６番１３に分筆
〔平成25年11月１日〕</td></tr>
</table>

権　利　部　（　甲　区　）　（所　有　権　に　関　す　る　事　項）

（中略）

<table>
<tr><td colspan="4">共　同　担　保　目　録</td></tr>
<tr><td colspan="2">記号及び番号　（コ）第１１１０号</td><td>調製</td><td>平成３１年１月１日</td></tr>
<tr><td>番　号</td><td>担保の目的である権利の表示</td><td>順位番号</td><td>予　　備</td></tr>
<tr><td>1</td><td>○○市○○○一丁目６番３の土地</td><td>１</td><td>余白</td></tr>
<tr><td>2</td><td>○○市○○○一丁目６番１３の土地
○○○○持分</td><td>１</td><td>余白</td></tr>
<tr><td>3</td><td>○○市○○○一丁目６番１７の土地
○○○○持分</td><td>１</td><td>余白</td></tr>
<tr><td>4</td><td>○○市○○○一丁目６番地家屋番号
６番３の建物</td><td>１</td><td>余白</td></tr>
</table>

地上建物のほかに、6番13の土地、6番17の土地が共同担保に入っていることが分かる。

〈6番13・6番17の登記事項〉

<table>
<tr><td colspan="4">権　利　部　（　甲　区　）　（所　有　権　に　関　す　る　事　項）</td></tr>
<tr><td>順位番号</td><td>登　記　の　目　的</td><td>受付年月日・受付番号</td><td>権　利　者　そ　の　他　の　事　項</td></tr>
<tr><td>1</td><td>所有権移転</td><td>昭和５６年６月１０日
第１１１１１号</td><td>原因　昭和５６年１月１日相続
所有者　○○市○○○一丁目１番地１
○○　○○（被相続人）
順位１番の登記を転写
平成○○年○月○日受付
第１１１１１号</td></tr>
<tr><td>2</td><td>所有権一部移転</td><td>昭和２６年１２月１２日
第２２２２２号</td><td>原因　平成２６年１２月１２日売買
共有者　○○市○○○二丁目２番地２
持分３分の１
○○　○○</td></tr>
</table>

公図をとると……

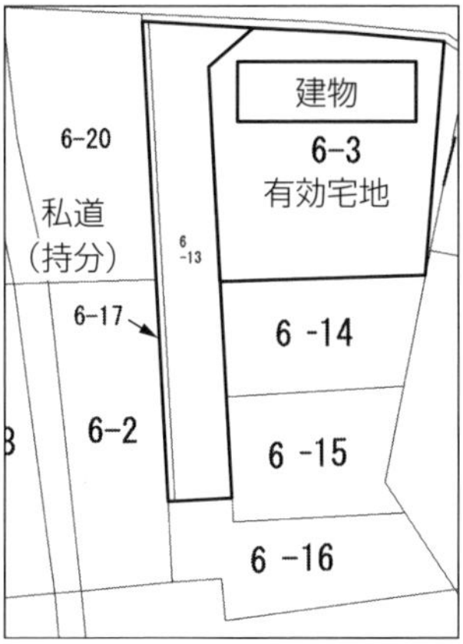

6-13と6-17は私道である。

不動産売買で私道が個別に評価されることはほとんどないと思われるが、相続税評価では個別に評価されるので漏れないように注意する。

2 権利としてのリスク

土地に付着している権利に起因するリスクです。例えば、賃借権の見落とし、賃貸割合の計算誤り、区分地上権に準ずる地役権の見落としがあります。

賃借権の見落としについては、被相続人の確定申告書の確認、関連会社提出の土地の無償返還に関する届出書の確認、賃貸借契約書の確認により概ね防ぐことができます。税理士が継続的に関与している場合、確認が漏れることは少ないと思われますが、そうではない納税者の場合、税理士から積極的に資料の取揃えを依頼し、ヒアリングを行わなければ判明しませんので注意が必要となります。

賃貸割合の計算誤りについては、賃貸可能部屋数に対する賃貸中の部屋数の割合で算定しているケースを見かけますが、正しくは賃貸可能床面積に対する賃貸中の床面積の割合となります。各部屋の床面積が同じ賃貸物件であれば、両方の割合は一致すると思われますが、そうでない場合は貸家建付地（貸家）

の評価額が異なるということになります。各部屋の床面積は、地上建物の設計図書（間取り図）等で確認できるので、漏れがないようにしましょう。また、宅地の上にある建物が共有の場合、土地利用権原によって評価方法が変わってくるので十分に注意する必要があります。

区分地上権に準ずる地役権については、その登記があれば見落とすことはないと思われますが、登記がない場合も相当数存在します。現地調査が最も重要となりますが、住宅地図等を注意深く確認することにより、当該権利の存在を推測することができるほか、電力会社から土地所有者に支払われる線下料の受取事績（確定申告書や預金通帳）で確認することができます。

3　評価単位のリスク

土地の評価単位を間違えるリスクです。

例えば、被相続人が所有する１つの土地の上に自用建物が２棟ある場合、これを全て１人の相続人が取得するときは、その土地は１つの土地として評価しますが、２つの土地建物に分けて相続する場合は２つの土地として評価しなければなりません。遺産分割協議の初期段階では全て１人の相続人が相続する予定だったものが、諸般の事情により２つの土地建物に分けて相続するとの遺産分割協議書ができあがることはよくあることです。

１人の税理士が財産調査・評価、遺産分割協議・相続税申告まで一貫して関与する場合にはこのような事情の変化を見落とすことは少ないと思われますが、財産評価については専担者を置いている事務所の場合、ちょっとした連絡の不具合等により見落とすリスクが高くなる可能性があります。

5 土地の相続税評価に必要な知識と経験

上記でも少し触れましたが、税理士事務所によっては、財産評価について評価専担者を置いているところが一定数あると思われます。

筆者はこれを否定するものではありませんが、これまで述べてきたように、土地の相続税評価については、財産評価基本通達には記載されていない資料の収集及び整理が必要であり、しかも内容が多岐にわたること、遺産分割や相続開始前後の事実関係によって評価額に変動が生じてしまうことを考慮すると、これを「単なる作業」として、知識の乏しい職員を評価専担者とし、そこに作業を丸投げすることはあり得ないということを理解していただけるかと思います。本来であれば、宅地建物取引士と同程度の知識と経験が必要なのではないかと思うこともあります。

筆者としては、マンパワーの関係上、職員に作業の一部を行ってもらわざるを得ないとしても、資料の収集及び整理ならびに現地調査の全てに関与できる一定の知識及び経験を有する担当者（税理士）を置くべきであると考えます。

第２章以降では、土地の相続税評価に当たり税理士が収集しておくべき資料について、納税者から収集する資料（第２章）、法務局（登記事項提供サービス）から収集する資料（第３章）、その他税理士が自分で収集する資料（第４章）、役所で収集する資料（第５章）に分けて説明していきます。

事例コラム①　きっちり調べたつもりでも落とし穴があるのが相続税評価

本書では、主に対象地の物的確認、権利の態様の確認に当たり、前もって揃えておいた方がよいと思われる資料について説明していますが、これらに基づいて一生懸命評価したとしても間違えてしまうことがあります。つまり相続税評価では「落とし穴」があるということです。

「落とし穴」としては次のようなものがあります。

〈地目〉

土地の相続税評価は、宅地、農地（田、畑）、山林、雑種地など実際の地目の別に評価します（評基通7)。これらの区分が間違っていると、そもそもの採用していた数量に齟齬が生じ、適用できると思っていた財産評価基本通達の規定が適用できないといったことが生じます。

例えば、「一棟もの」の賃貸マンションの敷地は、一見すると全体を1つの利用区分として評価したくなると思います。

ここで、その敷地のうちマンションが建っている部分を除く部分は、駐車場として利用されている場合を想像してみましょう。便宜上、その敷地は三大都市圏内の市街化区域に所在し、容積率は200％、路線価図上の地区区分は普通住宅地区、全体で500m^{2}の地積を有していると仮定します。

駐車場がマンション居住者専用であれば、全体を1つの利用区分として評価します。地積は500m^{2}で、全体を貸家建付地として評価の上、他の地積規模の大きな宅地の適用要件を満たしていますので、地積規模の大きな宅地として減価を行うことが可能になります。

しかし、最近の「クルマ離れ」を反映して入居者で埋まらない部分はコインパーキングとして利用している場合もよく見かけるかと思います。この場合、コインパーキング部分は雑種地として、他の部分（宅地）とは分離して評価しなければならなくなります。もし、コインパーキングの地積は30m^{2}ということであれば、他の部分の地積は470m^{2}ですので、地積規模の大きな宅地として減価することはできなくなります。また、この部分については賃借人が付いていませんので自用地として評価しなければならなくなります。

なお、コインパーキング業者が用地を被相続人から借りてアスファルト等の構築物を設置していている場合には、賃借権の目的となっている雑種地として減価できる可能性があります。同様のケースとして、余剰のスペースを被相続人などが自分で使う駐車場としている場合も挙げられます。

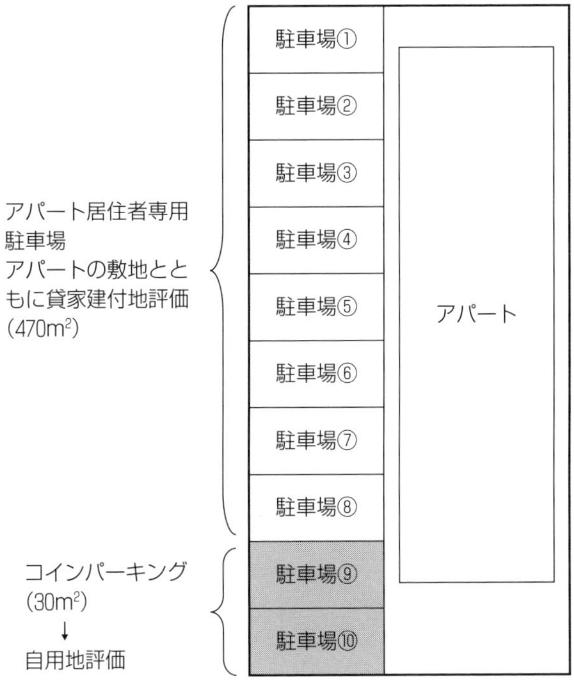

〈分割後の土地で評価〉

宅地の相続税評価は、不合理分割（評基通 7-2（1）注書）となる場合を除いて、分割後の宅地を１画地として評価するのが原則です。これは、相続した土地の担税力に応じた課税を行うという趣旨によるものと解されますが、遺産分割が二転三転した場合には注意が必要です。

例えば、一筆で１利用区分としてみることができる広大な自宅敷地について、当初は跡継ぎである長男Ａが相続する方向で遺産分割の話が決まっていたけれども、遺産分割協議書にサインする間際になって一部を分筆して二男Ｂが取得することがあります。

この案件を同じ税理士が業務開始時から相続税申告まで全て担当するのであれば、すぐに気付きますので、評価の訂正は迅速にできる思われますが、納税者との打ち合わせや遺産分割協議の立会等のフロント業務は税理士（あるいは経験豊富な職員）が行って、評価業務は違う担当者や不動産鑑定業者（評基通６該当の場合）が行っている場合、変更の旨が伝わらず、評価が間に合わない、あるいは間に合っても雑な評価で終わってしまうということがあり得ます。さらに、規模の大きい土地の場合、地積規模の大きな宅地の評価の適否にも影響を及ぼしますので注意が必要です。

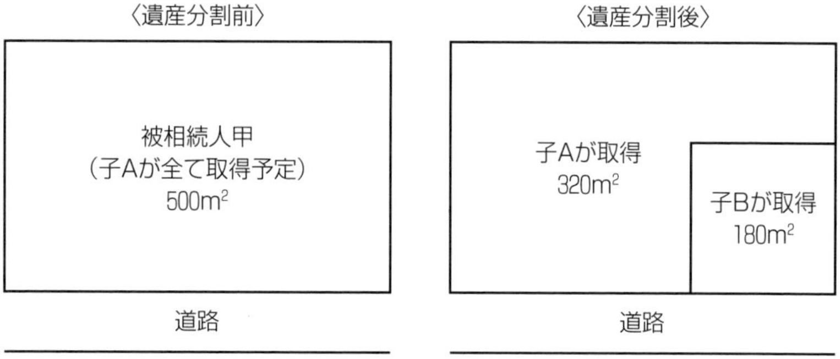

〈使用貸借地〉

建物所有を目的とする賃貸借契約の目的となっている宅地は、貸宅地として自用地価額から借地権価額相当額を減価できます。また、構築物の所有を目的とする賃貸借契約の目的となっている雑種地は、自用地価額から賃借権相当額を減価できます。

しかし、賃料の授受があるとしても賃料が事業としての採算性が見込まれる程度の額でなければ、賃貸借ではなく、使用貸借として自用地価額で評価しなければならなくなります。判例などでは、固定資産税相当額の賃料では、使用貸借とみられています。

また、使用貸借地であっても貸地となるケースがあります。例えば、法人が土地をその代表者から無償で借りてその上にアスファルトを設置して駐車場経営を行っている場合です。

土地の無償返還に関する届出書が法人から提出されていれば、自用地評価で賃借権相当額は控除しないことになりますが、土地の無償返還に関する届出書が提出されていなければ法人には賃借権があることになりますので自用地価額から賃借権相当額を減価することになります。

多くの場合は、土地の無償返還に関する届出書も適法に提出されているでしょうから、悩むことはないと思われますが、被相続人の先代、先々代当時は法人との同族関係は強固であったけれども、相続を繰り返すうちに現在の土地所有者と法人との同族関係が極めて薄くなっていまい、無償返還届出書が提出されているのか調べようにも法人の委任状を得られず、確認しようがないということあります。このようなケースでは納税者に無償返還届出書が提出されている場合、提出されていない場合の税額と否認リスクを説明し、慎重に判断するしかないと思います。

このように、財産評価での土地の見方と不動産実務での土地の見方は異なるところがあり、前者については相続税評価特有のものがあります。ここが間違っていると、本書で紹介している資料等に基づいて一生懸命評価しても間違いということになってしまいますので、財産評価基本通達6項を適用して路線価評価ではなく不動産鑑定評価を不動産鑑定士に依頼するなどの場合には十分に注意してください。

第2章

納税者から収集する資料

1 基本的な資料

納税者から収集する資料として基本的なものは以下のとおりです。

① 対象地の固定資産税課税明細書
② 実測図
③ 賃貸借契約書など
④ 確定申告書
⑤ 土地の無償返還に関する届出書

1 対象地の固定資産税課税明細書

土地の相続税評価では必須の資料です。ここには、被相続人が所有している不動産の所在及び地番・地目・地積・固定資産税評価額が記載されており、この記載に基づいて第3章で説明する登記事項証明書、公図、地積測量図等を取得していくことになります。

固定資産税課税明細書には、各自治体が登記事項等で把握しているほぼ全ての土地・地上建物の記載がされていますが、自治体によっては固定資産税の非課税財産である私道（の持分）が記載されていないことがあるので、名《な》寄帳《よせちょう》（115頁参照）、公図に基づく登記事項調査（61頁参照）、共同担保目録（58頁参照）、相続人からのヒアリングにより、記載されていない財産がないか慎重に確認すべきです。

また、土地の場合、記載事項は登記事項どおりということが多いですが、建物については未登記の増減築や用途変更が反映されている場合が多いです。また、登記のある地上建物は既に取り壊されており、全く別の建物が記載されていることもあります。これらの場合には、役所での調査時に固定資産税担当が保管している建物の配置図や間取り図等（家屋課税台帳・家屋補充台帳）を確認するほか、現地においても逐一相続人に確認するなど慎重な調査が求められます。

さらに、地上建物の築年が古く、建物自体の評価額として差異はさほど大きくなくても、用途変更等により、貸家建付地としての評価の適否、小規模宅地の特例の適用の適否に影響を及ぼすことがありますので、建物だからといって無視することはできません。

固定資産税課税明細書

令和4年度　固定資産税・都市計画税（土地・家屋）の課税明細書

1/1頁

○○　○○　様

識別番号	123456789123
徴収番号	123456789123

○区分

資産	所在地番又は家屋番号（マンション名等）			地目又は種類	地積又は床面積(m^2)	構造(主体)	住宅用地の率	固定負担水準			
	価格（円）	前年固定課税標準額(円)	本年固定課税標準額(円)	固定軽減等税額(円)	固定資産税相当額(円)	管理番号		全体	小規模	一般	非住宅
		前年都計課税標準額(円)	本年都計課税標準額(円)	都計軽減等税額(円)	都市計画税相当額(円)	建築年月	備考				
土地	○○6丁目1234-26			宅地	120.00		1.00		100.00	0.00	0.0
	13,399,600	2,233,400	2,233,400	0	31,267						
		4,466,800	4,46,,800	0	13,400						
土地	○○6丁目1234-27			公衆用道路	17.00			0.00			
	0	0	0	0	0		公共の用に供する道路・運河用地、水道用地				
		0	0	0	0						
家屋	○○6丁目1234-26			専用住宅	130.00	木造					
	2,484,865		2,484,865	0	34788	1234567					
			2,484,865	0	7,454	昭和53年8月					

2　実測図

法務局備付の公図、地積測量図には、土地の位置・規模・形状等が記載されていますが、その作製時期が古い場合、対象地の現況をあらわしていないことがあります。また、土地によっては地積測量図がないものも相当程度存在します。

一方で、近い将来売買が予定されている場合、隣接地で売買が予定されている場合等には、対象地の全て、あるいは一部について土地家屋調査士による精度の高い測量が行われていることが多くなります。この場合、相続人の手元には実測図があります（あるいは近い将来手元に入ってきます）ので、相続税評価の準備段階で有無を確認し、ある場合には入手し、現地調査、不整形地の評価で必要となる想定整形地の作図もこの図面を使用して行うべきです。

実測図

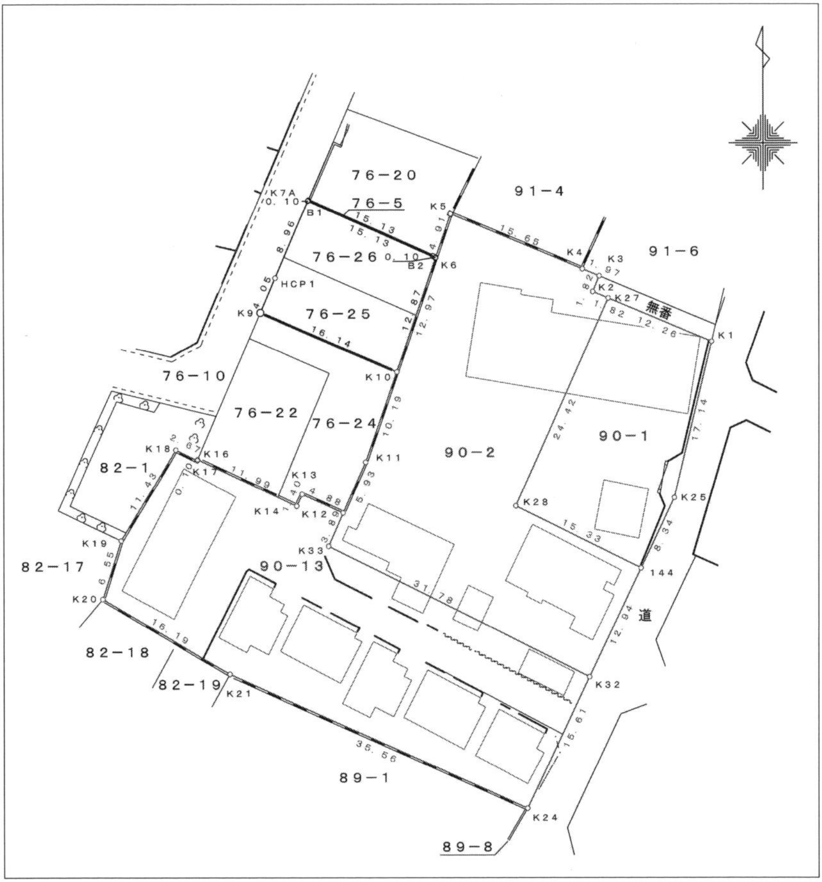

3　賃貸借契約書等

土地の賃貸借契約書、地上建物の賃貸借契約書、駐車場賃貸借契約書等も、

相続税評価の準備段階で取得・確認しておきたい資料となります。

これらの契約書がない場合には、被相続人の確定申告書、賃料入金事績が分かる預金通帳、領収書、相続人からのヒアリングにより確認していく必要があります。被相続人が土地所有者であることを前提とすれば、借地権割合、賃借権割合、小規模宅地等の特例の適用の適否、同族会社の株式評価等に関わってきますので早い段階で取得し、実際の賃貸借状況と照合し、漏れのないようにする必要があります。

チェックする項目としては、賃貸借当事者、賃貸借の対象（全部なのか、一部なのか、何号室か、床面積は何 m^2 か)、賃貸借の期間、支払賃料の額及び支払時期、一時金の授受状況等です。土地の賃貸借当事者に法人がある場合には、下記**5**で説明する土地の無償返還に関する届出書の有無を確認しなければなりません。床面積は、賃貸借契約書には記載がなかったり、記載されていても実際の数量と異なることがありますので、設計図書（竣工図）や確定申告書の記載事項の確認、現地での照合が必要となります。

また、賃料の額が非常に低い場合、賃貸借ではなく、使用貸借と判断されるおそれがありますので、賃料の額がその土地（建物）の不動産経営を行う上で採算が取れるものになっているか検討しておく必要があります（**事例コラム①〈使用貸借地〉**参照)。

アパートなどの場合、その建物の全部又は一部が相続開始時点で貸し付けられているかどうかは、相続開始時における現況に基づいて行うのが原則ですが、たまたま一時的に空室が生じていることがあるので、継続的に賃貸されていたアパート等の独立部分で、次のような事実関係から、アパート等の各独立部分の一部が課税時期において一時的に空室となっていたに過ぎないと認められるものについては、相続開始時において賃貸されていたものとして取り扱って差し支えないこととされています（国税庁タックスアンサーNo. 4614「貸家建付地の評価」)。

① 各独立部分が相続開始前に継続的に賃貸されたものであること
② 賃借人の退去後速やかに新たに賃借人の募集が行われ、空室の期間中、他の用途に供されていないこと
③ 賃貸されていない時期が、課税時期の前後例えば１か月程度であるなど一時的な期間であること
④ 課税時期後の賃貸が一時的なものでないこと

上記のような事実関係は、現在の賃貸借契約書だけでは判断が難しいので、空室部分の直近の賃貸借契約書、過去の確定申告書添付の収支明細書、賃貸借契約申込書、仲介会社の募集状況が分かる広告などについても確認しておきます。

賃貸住宅標準契約書

(1) 賃貸借の目的物

<table>
<tr><td rowspan="4">建物の名称・所在地等</td><td colspan="2">名　称</td><td colspan="4"></td></tr>
<tr><td colspan="2">所在地</td><td colspan="4"></td></tr>
<tr><td colspan="2" rowspan="2">建て方</td><td rowspan="2">共同建
長屋建
一戸建
その他</td><td>構　造</td><td>木造
非木造（　　）
階建</td><td rowspan="2">工事完了年
年
（大規模修繕を（　）年実施）</td></tr>
<tr><td>戸　数</td><td>戸</td></tr>
<tr><td rowspan="13">住戸部分</td><td colspan="2">住戸番号</td><td>号室</td><td>間取り</td><td colspan="2">（　）LDK・DK・K／ワンルーム／</td></tr>
<tr><td colspan="2">面　積</td><td colspan="4">m²（それ以外に、バルコニー＿＿m²）</td></tr>
<tr><td rowspan="11">設備等</td><td colspan="3">トイレ</td><td colspan="2">専用（水洗・非水洗）・共用（水洗・非水洗）</td></tr>
<tr><td colspan="3">浴室</td><td>有・無</td><td></td></tr>
<tr><td colspan="3">シャワー</td><td>有・無</td><td></td></tr>
<tr><td colspan="3">洗面台</td><td>有・無</td><td></td></tr>
<tr><td colspan="3">洗濯機置場</td><td>有・無</td><td></td></tr>
<tr><td colspan="3">給湯設備</td><td>有・無</td><td></td></tr>
<tr><td colspan="3">ガスコンロ・電気コンロ・IH 調理器</td><td>有・無</td><td></td></tr>
<tr><td colspan="3">冷暖房設備</td><td>有・無</td><td></td></tr>
<tr><td colspan="3">備え付け照明設備</td><td>有・無</td><td></td></tr>
<tr><td colspan="3">オートロック</td><td>有・無</td><td></td></tr>
<tr><td colspan="3">地デジ対応・CATV 対応</td><td>有・無</td><td></td></tr>
</table>

インターネット対応	有・無	
メールボックス	有・無	
宅配ボックス	有・無	
鍵	有・無	（鍵 No. ・ 本）
	有・無	
	有・無	

使用可能電気容量	（ ）アンペア
ガス	有（都市ガス・プロパンガス）・無
上水道	水道本管より直結・受水槽・井戸水
下水道	有（公共下水道・浄化槽）・無

附属施設	駐車場	含む・含まない	＿＿＿台分（位置番号：＿＿＿＿＿＿）
	バイク置場	含む・含まない	＿＿＿台分（位置番号：＿＿＿＿＿＿）
	自転車置場	含む・含まない	＿＿＿台分（位置番号：＿＿＿＿＿＿）
	物置	含む・含まない	
	専用庭	含む・含まない	
		含む・含まない	
		含む・含まない	

(2) 契約期間

始 期	年 月 日から	年 月間
終 期	年 月 日まで	

(3) 賃料等

賃料・共益費		支払期限	支払方法	
賃 料	円	当月分・翌月分を 毎月 日まで	振込、口座振替又は持参	振込先金融機関名： 預金：普通・当座 口座番号： 口座名義人： 振込手数料負担者：貸主・借主
共益費	円	当月分・翌月分を 毎月 日まで		持参先：
敷 金	賃料 か月相当分 円	その他一時金		
附属施設使用料				
そ の 他				

(4) 貸主及び管理業者

貸 主 （社名・代表者）	住 所 〒 氏 名 電話番号
管理業者 （社名・代表者）	所在地 〒 商号（名称） 電話番号 賃貸住宅管理業者登録番号 国土交通大臣（ ）第 号

＊貸主と建物の所有者が異なる場合は、次の欄も記載すること。

建物の所有者	住　所　〒 氏　名　　　　　　　　　　電話番号

(5) 借主及び同居人

	借　　主	同　居　人
氏　　名	(氏名) (年齢)　　　　歳 (電話番号)	(氏名)　　　　(年齢)　　歳 (氏名)　　　　(年齢)　　歳 (氏名)　　　　(年齢)　　歳 合計　　人
緊急時の連絡先	住　所　〒 氏　名　　　　　　電話番号	借主との関係

(6) 連帯保証人及び極度額

連帯保証人	住　所　〒 氏　名　　　　　　電話番号
極　度　額	

(契約期間及び更新)
第2条　契約期間は、頭書 (2) に記載するとおりとする。
2　甲及び乙は、協議の上、本契約を更新することができる。
(敷金)
第6条　乙は、本契約から生じる債務の担保として、頭書 (3) に記載する敷金を甲に交付するものとする。
2　甲は、乙が本契約から生じる債務を履行しないときは、敷金をその債務の弁済に充てることができる。この場合において、乙は、本物件を明け渡すまでの間、敷金をもって当該債務の弁済に充てることを請求することができない。
3　甲は、本物件の明渡しがあったときは、遅滞なく、敷金の全額を乙に返還しなければならない。ただし、本物件の明渡し時に、賃料の滞納、第15条に規定する原状回復に要する費用の未払いその他の本契約から生じる乙の債務の不履行が存在する場合には、甲は、当該債務の額を敷金から差し引いた額を返還するものとする。
4　前項ただし書の場合には、甲は、敷金から差し引く債務の額の内訳を乙に明示しなければならない。

(出典：国土交通省ホームページ)

4　確定申告書

被相続人が過去に提出した確定申告書、相続人が提出した被相続人の準確定申告書の控えです。

特に使うのは、収支明細書又は青色申告決算書の「不動産所得の収入の内訳」となります。作成の精度にもよりますが、賃貸の用途、物件の所在地、賃借人の住所・氏名、賃貸借期間、貸付面積、賃貸料、一時金の授受まで一覧で確認できますので、上記**3**の賃貸借契約書とあわせて確認しておくべき資料となります。

5　土地の無償返還に関する届出書

個人と法人との貸借で、貸借契約終了後は立退料などの対価を要求せず、無償で返還することを含む契約の場合にその旨を税務署に届け出る書類です。これにより会社は借地権の認定課税を避けることができるので、被相続人が、自らとその親族が経営する会社に土地を貸している場合に多くみられます。

この場合、貸借関係が賃貸借で、土地の無償返還に関する届出書が提出されていれば、宅地の所有者（被相続人）は対象地の自用地価格から20％を控除できます（経営する会社の出資を被相続人が所有していた場合には、会社出資の相続税評価における純資産価額の計算において自用地価格の20％相当額を借地権として計上しなければなりません）が、賃貸借でない場合には対象地は自用地評価することになります。

被相続人がその会社の株式を有している場合には、考え方は自用地と同じなので、評価額に大きな差異は生じないかもしれませんが、既に跡取りに株式が移転されていている等の理由で被相続人がその会社の株式を有していない場合には、相応の差異となることもあるでしょう。

また、被相続人側、会社関係者側において相続が繰り返され、その関係が非常に希薄となっている場合には、被相続人に無償返還届出書の控えもなく、会社側からも事実確認についての協力が得にくい場合もあるので注意が必要となります。

土地の無償返還に関する届出書

土地の無償返還に関する届出書

※整理事項	1 土地所有者 2 借地人等	整理簿	
		番　号	
		確　認	

受付印

令和　　年　　月　　日

○○税務署長 殿

土地所有者　A　は、（借地権の設定等）により下記の土地を令和 4 年 1 月 1 日から B株式会社 に使用させることとしましたが、その契約に基づき将来借地人等から無償で土地の返還を受けることになっていますので、その旨を届け出ます。

なお、下記の土地の所有又は使用に関する権利等に変動が生じた場合には、速やかにその旨を届け出ることとします。

記

土地の表示

所在地	○○市○○1丁目2番3	
地目及び面積	宅地	500 ㎡

	（土地所有者）	（借地人等）
住所又は所在地	〒 123-4567 ○○市○○3-4-5 電話（○○○）○○○－○○○○	〒 123-4567 ○○市○○3-4-5 電話（○○○）○○○－○○○○
氏名又は名称	A	B株式会社
代表者氏名		A

	（土地所有者が連結申告法人の場合）	（借地人等が連結申告法人の場合）
連結親法人の納税地	〒 電話（　　）　－	〒 電話（　　）　－
連結親法人名等		
連結親法人等の代表者氏名		

借地人等と土地所有者との関係	借地人等又はその連結親法人の所轄税務署又は所轄国税局
代表者	○○税務署

02.12 改正

（契約の概要等）

1　契約の種類　普通借地契約

2　土地の使用目的　堅固建物の所有

3　契約期間　令和　4 年　1 月　～　令和　33 年　12 月

4　建物等の状況

(1)　種類　共同住宅

(2)　構造及び用途　鉄筋コンクリート造陸屋根5階建

(3)　建築面積等　250m²

5　土地の価額等

(1)　土地の価額　120,000,000　円　（財産評価額　96,000,000 円）

(2)　地代の年額　840,000　円

6　特約事項

7　土地の形状及び使用状況等を示す略図

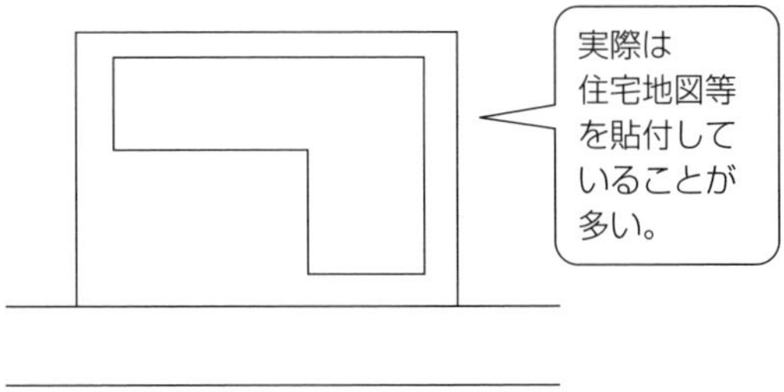

8　添付書類　(1)　契約書の写し　(2)

2 さらに取得・確認しておくと便利な資料等

上記❶に加え、納税者からさらに取得・確認しておいた方が望ましい資料は以下のとおりです。

① 地上建物の設計図書・竣工図等
② 地籍調査の資料
③ 土地の購入時・売却時の資料
④ 土壌環境調査報告書
⑤ 委任状
⑥ 土地の利用状況等のヒアリング

1 地上建物の設計図書・竣工図等

設計図書は、直接的には地上建物の意匠、構造・設備に関する設計図となります。その中の配置図には、土地の測量図、建物設計時の公法上の規制・接面する道路の幅員・建築基準法上の種別・要セットバック部分の範囲・都市計画道路拡幅予定地の範囲が記載されていることがあり、土地の評価に当たって非常に有用な情報を提供してくれます。また、間取り図は、小規模宅地等の特例適用に当たって必要となる賃貸割合の査定等に使うことができます。

竣工図は、建物竣工当時の状態を表した図面で、竣工までに変更が重ねられた可能性がある設計図書よりも対象不動産の状況を忠実にあらわしているので、竣工図があるならば竣工図を取得することが望ましいです。

また、これらの図書に基づいて建築確認や完了検査が行われている場合は、確認済証や検査済証が建築主事や指定確認検査機関から発行されているので、相続人の手元にあるならば確認しておくべきでしょう。

確認済証は設計段階の許可証に過ぎませんが、検査済証は建物が建築確認の内容どおりに建築されたかどうかを行政等が検査したことを証明する書類ですので、検査済証があればその図面の精度は一段上がっているとみることができます。

設計図書（配置図）

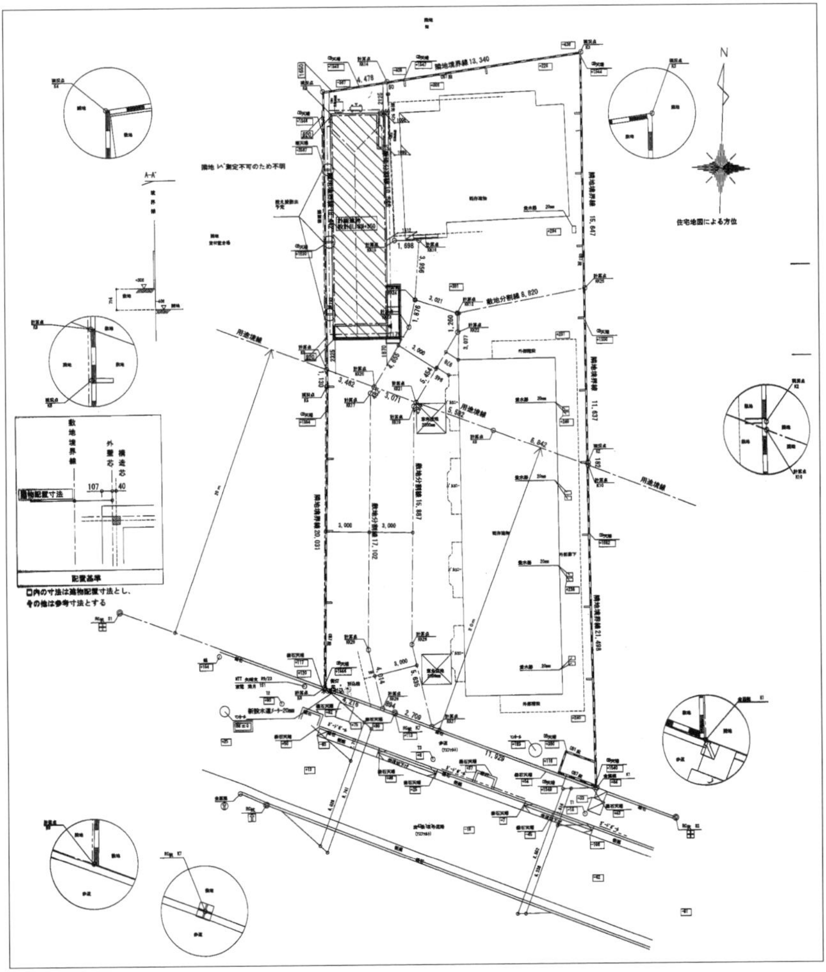

2　地籍調査の資料

地籍調査とは、主に市町村が主体となって、一筆ごとの土地の所有者、地番、地目を調査し、境界の位置と面積を測量する調査です。土地に関する記録は法務局において管理されているものの、備え付けられている地図や図面は、その半分ほどが明治時代の地租改正時に作られた地図（公図）などを基にしたものであるため、境界や形状などが現実とは異なっている場合が多くあるほか、登記簿記載の地積についても、正確ではない場合があるのが実態です。

これを是正するために地籍調査が行われ、その成果は登記簿に反映される（地積の変更、新たな公図の作成が行われます）のですが、その変更の程度が非常に大きいことがあります。

対象地を含む周辺地域が地籍調査中の地域に該当している場合には、近い将来、対象地について登記簿記載の地積や公図が変更される可能性があるので十分な注意が必要です。つまり、これに気付かず従前の地積や公図等で評価を行ってもそれは誤りということになるのです。

地籍調査が進み、境界等の立会作業が済んでいる場合には、新しい測量結果や位置・形状をあらわす図面が相続人の手元に届いている可能性があるので（135 頁参照）、取得し、これらを基に現地確認、評価作業を行わなければなりません。

地籍調査の資料

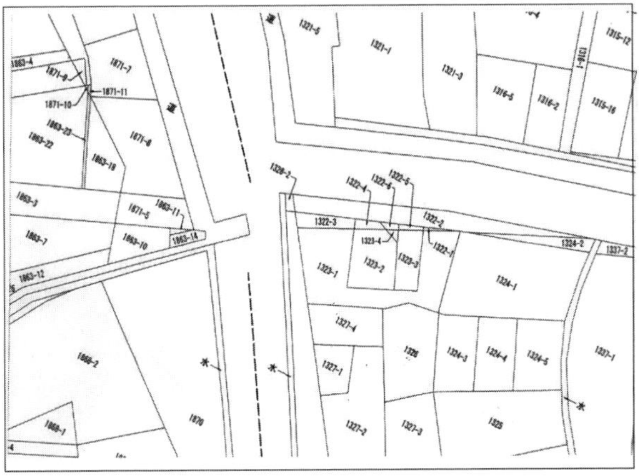

地籍調査前の公図

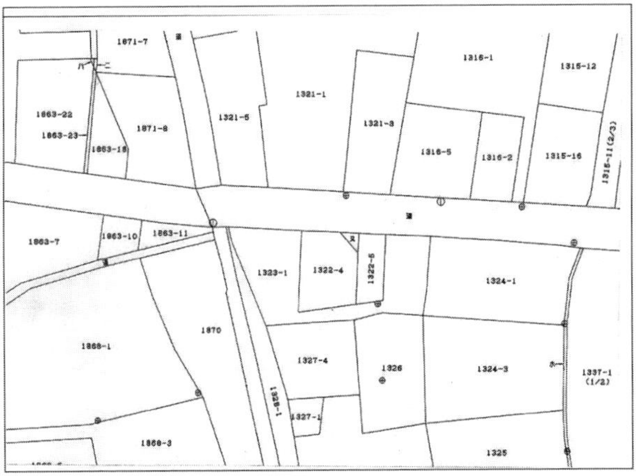

地籍調査後の公図（地籍図）

（神奈川県の地籍調査ウェブサイトより引用）

3　土地の購入時・売却時の資料

被相続人が購入した土地等又は遺産整理の手続き中で売買契約が締結されている土地等の場合、売買契約に当たって売買当事者に交付される重要事項説明書が相続人の手元にあることがあります。

重要事項説明書は、物件や取引の内容等について説明した書面で、不動産の売買契約に先立ち交付される書面ですが、そこには土地の街路条件、交通接近条件、環境条件、画地条件、その他の条件の詳細が記載されており、非常に有用であるので、相続人の手元にあるのならば、取得し、現地調査・役所調査に役立てたいところです。

また、対象地がマンションや別荘地の場合には、分譲パンフレット、管理規約等が相続人の手元にあることもあります。

分譲マンションの敷地は規模が大きく、法務局備付の公図を貼り合わせて想定整形地作成のための図面を作成しようとすると多大な労力を要することがあります。また、築年が古いと、公図等の精度が低いこともあります。分譲マンションのパンフレット等には、新築時のものではありますが、比較的精度の高い配置図が添付されていることが多いほか、適度に大きなサイズの縮尺にまとめられていて、非常に役立ちます。

別荘地の場合、地上建物があれば、実際の位置の把握に困ることは少ないと思われますが、建築がされないまま長年放置されているときには、山林にかえっていることもあり、実際の位置の把握に困難を極めることがあります。別荘地でも大規模に開発されたところでは、マンションと同様に分譲パンフレット等が作成されていることがあり、そこに各分譲地の番号や地積等が記載されているので、現地調査や評価作業に大いに役立ちます。

4　土壌環境調査報告書

土地について土壌汚染調査を実施している場合に、土地所有者（依頼者）に交付される調査結果に関する報告書のことです。

土地が工場等の敷地の場合、工場等の閉鎖や土地の売買に当たって土壌汚染調査が実施されていることがあるので、相続人にヒアリングの上、手元にあるのであれば取得し、土壌汚染地の減価の考慮漏れがないようにしておきたいところです。なお、実際の名称は、作製会社によって様々です。

土壌環境調査報告書

目　次

頁

1. 調査概要 …… 1
2. 調査の位置付け …… 2
3. フェーズ1調査結果の概要 …… 3
4. 調査方法 …… 5
   - 4－1　調査地点 …… 5
   - 4－2　土壌試料採取方法 …… 6
   - 4－3　分析項目・分析方法 …… 7
5. 調査結果 …… 8
   - 5－1　採取した土壌の状況 …… 8
   - 5－2　土壌分析結果 …… 10
6. 考察 …… 13
7. まとめ …… 15

＜添付資料＞

資料1　現場状況写真

資料2　土壌試料観察記録

資料3　濃度計量証明書

5　委任状

土地の相続税評価に必要な資料のほとんどは、誰でもアクセスできますが、行政の固定資産税担当が保有している家屋課税台帳・家屋補充台帳に記載されている間取り図や建物の配置図、航空写真と公図との重ね図等の情報は、所有者から税理士への委任状の提示がないと開示してくれないことが多いです。

資料の収集及び整理、現地調査の都度、相続人に説明して委任状を取得してもよいですが、相続人との打ち合わせの段階で予め取得しておくと、事務作業の大幅な短縮に繋がります。

委任状

委　任　状

（代理人）

住所　○○県○○○市○○区○○○丁目○番○号

氏名　税理士　○○　○○

生年月日　昭和○○年○○月○○日生

私は、下記に関する権限に関して上記の者を代理人として、一切を委任します。

委任事項

被相続人　○○　○○　所有不動産（共有不動産を含む）に係る固定資産税の課税内容の一切を確認し、家屋課税台帳、家屋補充台帳、名寄帳の交付を受けること

（※）あくまで一例であり、取得したい情報に応じた記載とするように工夫する。

令和　　年　　月　　日

（委任者）

住所

氏名　　　　　　　　　　　　　　　㊞

電話番号

生年月日　昭和　　年　　月　　日生

（※）委任状と合わせて被相続人と委任者との関係がわかる戸籍の写しの提示が必要となることが多い。

6　土地の利用状況等のヒアリング

土地の実際の利用状況について、上記❶1～❷4に掲げる資料の取得時や現地調査時に、相続人からヒアリングしておきます。

上記5に記載のとおり、土地の相続税評価に必要な資料の多くは、誰でもアクセスできますが、アパートのうち相続開始時点において実際に賃貸していたのはどこなのか、相続開始後退去したのはどこなのか、今後入居する見込みの部屋はどこなのか、擁壁がある場合に境界は擁壁の上なのか下なのか（つまり擁壁を含む土地なのか否か）、未登記建物の所有者（建築費の負担者）は誰なのか、いつ建てたのかなどについては、相続人からヒアリングしてはじめて分かることが多いです。

誰でもアクセスできる資料がそろったからといって安心するのではなく、このようなヒアリングを通じて見落としがないようにしましょう。

土地利用状況ヒアリングシート

〈記載例〉

【物件①】

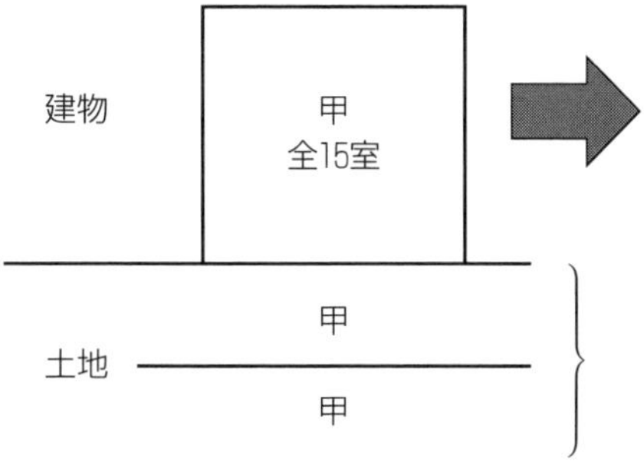

■　自用（501は甲が居住）
■　賃貸（第三者へ賃貸、102は空室）
□　使用貸借

■　自用・貸家建付地
□　賃貸（無償返還届あり）
□　賃貸（無償返還届なし）
□　使用貸借

□　未登記建物あり（　　　　　　）
□　未登記増築等あり（　　　　　　）
■　駐車場（全15台、うち3台はコインパーキング、他は居住者専用）
■　その他参考事項（102の退去日：令和4年2月28日、現在管理会社を通じて募集中）

【物件②】

建物

A㈱
（同族会社）
全15室

□ 自用（　　　　　　）
■ 賃貸（共同住宅、全て第三者へ賃貸）
□ 使用貸借

土地

〇〇㈱
（同族会社）

甲

□ 自用
■ 賃貸（無償返還届あり）
□ 賃貸（無償返還届なし）
□ 使用貸借

■ 未登記建物あり（Aが使用する倉庫、平成3年頃Aが1,000万円で建築）
□ 未登記増築等あり（　　　　　　）
□ 駐車場（全15台、全て居住者専用）
■ その他参考事項（土地の境界は擁壁の下∴擁壁は含まない）

【物件③】

建物

甲

■ 自用（二世帯住宅、甲は1階居住）
□ 賃貸（　　　　　　）
■ 使用貸借（長男Bが2階居住、内部行き来不可）

土地

甲

甲

■ 自用
□ 賃貸（無償返還届あり）
□ 賃貸（無償返還届なし）
□ 使用貸借

□ 未登記建物あり（　　　　　　）
□ 未登記増築等あり（　　　　　　）
□ 駐車場（　　　　　　）
■ その他参考事項（甲とBは生計別である）

事例コラム② **売却における実測が遅れ、当初の相続税評価に実測数量を反映できなかったため、相続税申告後税務署から指摘されたケース**

被相続人甲は、東京近郊の私鉄沿線に規模の大きな土地を数多く有する地主でした。所有する財産は、不動産が大部分で現預金等の換金容易な財産はほとんどありませんでした。土地は全て先祖伝来のもので、精度の高い測量は行われていませんでした。

このままでは相続が発生した場合、多額の相続税を支払うことが困難になるため、甲としても税金の支払いに充てるために売却する土地を選ぶ準備をしていましたが、体調が急変し、そのまま亡くなってしまいました。

甲が想像していたとおり、多額の相続税の発生が見込まれましたが、相続人で協議した結果、甲が準備していた土地を売却し、その代金を税金の支払いに充てることにしました。しかし、売却予定地の地積は3,000m^2と規模が大きい上に起伏のある地勢等のために買主がなかなかあらわれず、買主が見つかったのは相続税申告期限のまであと1か月ちょっとというところでした。その上測量も隣接する土地所有者の同意をなかなか得られず、買主との売買契約締結後1か月を経過してようやく境界確定にこぎつけることができました。

このため、相続税申告を依頼されたA税理士は、当該土地の相続税評価においては登記簿記載数量で評価して申告し、相続税は金融機関の融資でなんとか乗り切りました。

それから1年半ほど経過したある日、所轄税務署の税務調査が入り、その中で、売却した土地の登記地積は相続開始後3,000m^2から3,300m^2に変更されており、300m^2足りないので、当該数量に応じた評価額で修正申告してほしいと指摘されました。

このように、相続開始時点から土地の地積が増加していることが判明した場合は、相続開始時点において測量がなされていない場合であっても税務署から指摘がなされますので、近い将来において地積が変動する可能性がある場合には、できる限り変動後の地積を把握して評価する必要があります（数量が減少する場合には、納税者の側で更正の請求を行う必要があると考えられます）。

登記数量が変動する兆候としては、土地の売却、地籍調査、法務局の地図作成作業、物納（境界確定が必要になります）が挙げられますので、このような兆候がある場合で、変動後の地積に関するエビデンス（測量図等）が相続税申告期限までに入手できるときには、入手して評価を行い、エビデンスが相続税申告期限までに入手できないときには、納税者の側で現況概測等を行いそれに基づいて評価しておくことがリスク軽減に繋がるものと考えられます。

事例コラム③　売却時の重要事項説明書をチェックしなかったため、地下埋設物の存在による評価減を失念したケース

被相続人甲は銀行員でしたが、職業柄不動産業に接する機会が多く、自身の資産形成も兼ねて勤務していた支店の周辺に複数の土地や賃貸アパートを所有していました。

現預金もそれなりに持っていたのですが、体調を崩し、高齢者施設に入居してからは入居費等が嵩み、相続開始時には随分と目減りしていました。

そのような中で甲が亡くなりました。相続人である長男Ａと二男Ｂで甲の財産を調査したところ、あると思ったはずの現預金は先の高齢者施設の入居費や３年前に亡くなった妻の介護費等でさらに費消されており、遺された土地を売却せざるを得ない状況でした。ＡとＢは、アパートなどの建物が建っていない更地を売却し、相続税の納税に充てることとし、相続税の申告期限の３か月前に売却することができました。

相続税申告の依頼を受けたC税理士は、現地調査、役所調査を一通り行って当該土地の評価等を行い、相続税の申告を行いましたが、当該土地の売却時に売主と買主で交わされる売買契約書や重要事項説明書については、譲渡所得税の計算で使えばよいと考え相続税の評価に当たってはチェックをしていませんでした。

それから1年ほどしたある日、税務署の調査があり、税務署から名義預金等の存在を指摘され修正申告のしょうようを受けました。AとB及びC税理士で今後の方向について協議していた中で、A及びBから、売却した土地はもともと市の所有地で、地中には市の公共事業により排出された廃棄物が埋設されていたとの申出がありました。

C税理士が、当該土地の売買契約書及び重要事項説明書を確認すると、重要事項説明書の中に、地中に産業廃物が存在する旨、産業廃棄物の撤去処分には5,000万円の費用がかかることが記載されており、その見積書も出てきました。

そこで、C税理士は、税務署との調査打ち合わせにおいて、当該土地には産業廃棄物が埋設されており、その処分には5,000万円かかる旨等を重要事項説明書等により説明したところ、当該土地については当初申告における評価額から産業廃棄物処分費用の80％相当額である4,000万円を控除して修正申告を行うことでまとまりました。

このように、相続財産に現預金等が少なく、不動産を売却するケースは一定程度あると思います。

税理士としては売買契約書や重要事項説明書等は譲渡所得税の申告時において確認するもので、土地の相続税評価ではあまり重視していない向きもあるようです。

しかし、これらの書類（特に重要事項説明書）は、プロである宅地建物取引士が宅地建物取引業法に基づいて、対象不動産に関する街路条件、交通接近条件、環境条件、行政的条件、その他の条件等について詳細に調査した結果が記載されており、相続税評価に当たって有益な情報が凝縮されていますので、これらの書類については詳細をチェックしておくべきです。

今回は産業廃棄物でしたが、登記地積と実測数量の違い、接面道路の建築基準法種別、セットバックを要する部分や都市計画道路予定地等の有無、用途地域、建ぺい率、容積率、埋蔵文化財包蔵地該当の有無、土壌汚染の可能性等についても確認することができます。

重要事項説明書（一部）

重　要　事　項　説　明　書
（売買・交換）
（第一面）

年　　月　　日

殿

下記の不動産について、宅地建物取引業法（以下「法」という。）第35条の規定に基づき、次のとおり説明します。この内容は重要ですから、十分理解されるようお願いします。

商号又は名称
代表者の氏名　　　　　　　　　　　　　印
主たる事務所
免許証番号
免許年月日

説明をする宅地建物取引士	氏名	印
	登録番号	（　　）
	業務に従事する事務所	電話番号（　　）　－

取引の態様（法第34条第2項）	売買　・　交換
	当事者　・　代理　・　媒介

土地	所在地			
	登記簿の地目		面積	登記簿面積　㎡ 実測面積　㎡
建物	所在地			
	家屋番号		床面積	1階　㎡ 2階　㎡ 計　㎡
	種類及び構造			
売主の住所・氏名				

（出典：国土交通省ホームページ）

事例コラム④　委任状をあらかじめ取得していなかったため、名寄帳の取得や未登記建物等の確認ができなかったケース

A市で開業しているB税理士は、A市に不動産を所有している被相続人甲の相続人Cから相続税の申告を依頼されました。

B税理士は、Cから、A市から送られてくる固定資産税課税明細書を基に登記事項、公図、地積測量図、建物図面・各階平面図を取得の上、Cの立会いの下、被相続人甲の相続不動産の現地調査を行いました。

その中で、住所地のD土地の上にあるE建物は、登記事項では昭和37年4月1日新築、延床面積は100m^{2}と記載されています。また、建物図面・各階平面図で見た形状は長方形となっています。ところが、現地において外周等を概測してみると約200m^{2}あり、形状も複雑でした。一方で固定資産税の課税明細書に記載されているD土地上の建物の床面積は現地調査の結果とほぼ同じものとなっているほか、家屋番号欄の記載がありませんでした（多くの場合、未登記建物であることを示しています）。

B税理士が、登記事項が現況と合わない旨をCに伝えると、登記されている建物は数十年前に取り壊されており、現在ある建物は、取壊し後新たに建てた建物であるとのことでした。

そこでB税理士は、固定資産税課税明細書に記載されている建物が、実際に建っている建物と同一のものなのか等を確認するために、A市役所の税務課窓口に出向き、家屋課税台帳・家屋補充台帳等や航空写真の閲覧をしたい旨を窓口の職員に伝えたところ、「委任状はありますか？」と尋ねられました。そこでB税理士は委任状を取得していなかったことに気付きましたが、後の祭り。改めて被相続人所有不動産の固定資産税の課税内容等を確認することをCからB税理士に委任する旨を記載した委任状を作成し、後日相続人Cの署名捺印をもらって、再度A市役所の資産税課に出向く羽目になってしまいました。この間、Cが多忙なこともあり、約1週間を無駄にしてしまいました。

このように建物の登記事項と現況が異なる場合、山林等でそもそもの場所がわからない場合等において、不動産が所在する自治体の資産税課等において同課等が有している資料を確認しなければならないケースが出てくることがありますが、これらの資料は個人情報であるとして委任状の提示を求める自治体が多いようです。

今回は、B税理士の事務所とA市役所が近いので、1週間のタイムロスで済みましたが、もし、所在地が遠隔地にある場合、時間だけでなく交通費も無駄になってしまいます。また申告期限まで余裕のない案件の場合、それだけでもストレスになり、他の業務にも影響を与えかねません。

ですから、相続人の当初説明や固定資産税課税明細書等の記載をレビューした段階では不動産の確認作業が比較的容易にできると思われたとしても、現地実査を行う前に相続人から各自治体が有している資料を閲覧することを委任する委任状を作成しておいた方がよいと思います。

また、各自治体で把握している被相続人所有不動産が記載されている名寄帳も、相続人からの委任状がないと取得できないことがほとんどかと思われますが、自治体の中には、「固定資産税の課税内容の確認を委任する」旨だけでは足りず、「名寄帳の取得を委任する旨の記載がないと、家屋課税台帳・家屋補充台帳や航空写真の閲覧等はできるが、名寄帳は発行できません」というような、やや理解不能な対応をするところがありますので、記載内容については各自治体の担当課によく確認しておいた方が無難です。

事例コラム⑤　**相続人からの土地利用状況のヒアリング等が甘く、現地調査を繰り返してしまったケース**

A市で開業しているB税理士は、税理士になる前は不動産会社で宅地建物取引に携わっていた不動産実務に明るい税理士ですが、令和4年3月に被相続人甲の相続人から相続税の申告を依頼されました。

B税理士は、被相続人甲の四十九日が明けたゴールデンウィーク後に相続人代表のCの自宅で、今後の相続手続き、相続税申告の初回打ち合わせを行っていました。

甲は自宅のほか賃貸アパートを所有していましたが、各居住者との賃貸借契約書もなく、自筆のノートで管理し、不動産所得の確定申告も自身で行っていました。

過去の確定申告書の控えによる限りでは、賃貸アパートの敷地は、実際にアパートやゴミ置き場がある部分のほかは、駐車場（10台分）として利用されているようです。B税理士が「駐車場はアパートの居住者用ですか？」と尋ねたところ、Cから「そうです」との回答があったので、B税理士は、賃貸アパートの土地建物は、一体で貸家及びその敷地に該当するとして、現地調査の前ではありますが、事務所に帰ってから早速相続税評価の作業にとりかかり、アパートの敷地については一利用区分の土地として画地補正（想定整形地の描画等）を行い一通りの評価を済ませました。

後日、相続人代表Cの立会いの下賃貸アパートの現地調査に赴くと、10台分の駐車スペースのうち奥の2台分は、被相続人が経営していたD建設株式会社の名前がラッピングされた営業車が駐車されていました。改めてCに尋ねてみると、「もともと10台分をアパート居住者の専用駐車場としていたが、最近の車離れで借り手があらわれないので、相続開始の少し前からD建設株式会社の営業車を置いている」と説明されました。

このため、B税理士は、上記説明に基づき2台の駐車スペースに相当する土地を概測し、改めて2利用区分（2つの土地）として画地補正等を行い評価し直しました。

不動産実務では、賃貸アパートは、その駐車スペースが居住者専用であってもそうでなくても、一体として取引の対象となるのが一般的ですので、不動産実務に明るい税理士ほどこのような思い込みで「とりあえず」評価してしまうことがあるようです。お恥ずかしながらかくいう筆者も同様なことをして、無駄な時間を費やすことがあります。

このような「罠」に陥らないようにするには、相続人から居住者専用だとヒアリングしても、「以前は居住者専用だったかもしれないけれども、相続開始時点においてもそうですか？」と、念のため確認する余裕を持つ必要があります。

ちなみに、相続税評価に慣れるまでは、現地調査で利用状況が確定するまで、画地補正には手を付けないほうが賢明かもしれません。机上の評価作業を専担者に任せる税理士事務所では机上で済む作業なので、画地補正の「やり直し」もすぐできると思う人がいるようですが、実際のやり直しにはそれなりの手間がかかりますので、相続人と打ち合わせを担当する税理士は配慮してあげてほしいと思います。

事例コラム⑥　申告期限時の賃貸状況の確認が甘く、選択特例対象宅地等が過大となったケース

A 税理士は、B 市に自宅と賃貸アパートを所有する被相続人甲の相続税申告を依頼されました。

賃貸アパートは、築50年近くを経過している全8室の木造アパートです。賃借人は一人暮らしの高齢者がほとんどなのですが、月額支払賃料が低く抑えられていること等から高稼働で推移しており、相続開始時点における賃貸割合は 100 %です。いずれの賃借人からも退去予告はなく、相続税の

申告期限まで賃貸割合に変動はないと見込まれます。

A税理士は上記を相続人代表Cからヒアリングし、被相続人が過去に提出した所得税確定申告書、準確定申告書を確認したところ、ここ数年は賃借人に変動はなく賃貸割合は100％でした。さらに、現地調査を行った時点においても貸室の全てが埋まっていました。

これを基にA税理士は、賃貸アパートの賃貸割合を100％として、賃貸アパートの敷地を貸家建付地として評価しました。他の財産についても疑問点は見受けられず、相続人間の遺産分協議も円滑に終了したことからA税理士は相続税申告書案の作成にとりかかりました。

かねてより相続人から賃貸アパートについては築年がかなり古く、管理や修繕のための費用が嵩むため、相続税申告後は賃借人に立ち退いてもらい、売却する予定であるとヒアリングしていましたが、申告期限までは賃貸を継続し、所有も継続すると見込まれることから賃貸アパートの敷地を貸付事業用宅地等として適用することにしました（措法69の4③四）。

上記相続税申告書案について各相続人への説明及び了承を得て、A税理士は相続税申告書を作成し、いよいよ所轄税務署へ提出しようとしたその矢先、相続人代表Cから電話があり、「実は、相続税申告書案の説明を受けた後に、賃貸アパートを相続するEが各賃借人に契約更新しない旨の通知をしていたが、数日前に105号室に住んでいた一人暮らしの賃借人Fが部屋で孤独死していた」と言うのです。

A税理士は慌てて、賃貸アパートの賃貸借契約書の契約期間を確認しました。いずれの貸室も、契約期間は相続税の申告期限後で退去も見込まれないことから、105号室を除く貸室については（105号室のような特別の事情のない限り）賃貸継続要件は充足すると見込まれます。しかし、105号室はFの死亡により賃貸借契約は終了し、かつ、契約更新しない旨の通知をFに通知していますので賃貸継続要件は充足しているとはいえないと考えられます。

A税理士は、各相続人と協議した上で105号室に対応する部分については貸付事業用宅地等から除いて相続税の申告書を作成し直すことにしました。

諸般の事情により、小規模宅地等の特例（貸付事業用宅地等）の適用候補地を売却するケースは比較的多くみられると思います。関与税理士としては、貸付事業用宅地等の所有継続要件、事業継続要件を説明し、同特例の適用を考えているのであれば相続税の申告期限まで売却はせずに、賃貸は継続するように説明するとは思います。しかし、本件のように申告期限後に売却することを予定している場合、申告期限まで退去が見込まれない場合でも、賃借人の死亡などの不可抗力により賃貸継続要件を充足できなくなる可能性があります。

これに備えるためには、相続人との当初の打ち合わせや現地実査時だけでなく、その後の遺産分割協議時や相続税申告書案作成時などにおいて更新拒絶の通知などを行っていないか確認すべきでしょう。さらに保守的に業務を進めるのであれば、相続税の申告期限までは、更新拒絶の通知などは控えてほしい旨、通知などを行った場合には、当初予定している小規模宅地等の特例が受けられなくなる可能性があることまで説明しておくべきかもしれません。

第3章

法務局（登記情報提供サービス）で収集する資料

1 基本的な資料

法務局で取集する資料として基本的なものは以下のとおりですが、ほとんどは登記情報提供サービス（https://www1.touki.or.jp）で収集できます。前者だと紙での交付となりますが、後者であればPDFで交付されますので、ソフトを使って評価をしたり、電子申告を行う場合には事務作業の短縮に繋がると思われます。

① ブルーマップ
② 全部事項証明書（登記事項）
③ 公図
④ 地積測量図
⑤ 建物図面・各階平面図
⑥ 地役権図面

1 ブルーマップ

ブルーマップは、公図に記載されている地番等の情報を住宅地図に重ねた地図で、法務局の閲覧コーナーに備え付けられているほか、地図作成元で購入することもできます。

急ぎの案件で納税者の手許に固定資産税課税明細書がない場合などには、登記情報取得の際に必要な対象地の地番を推測できるので役に立ちます。

最近は発行会社においてインターネットで随時取得できるサービスも提供されているので、利便性が向上しています。

2 全部事項証明書（登記事項）

全部事項証明書とは、法務局に備え付けられている登記簿に記録されている事項の全部が記載され、それを法務局の登記官が証明した書類です。登記情報提供サービスでも、登記官の証明は付きませんが、同じ内容をPDFで取得できます（本書ではこのPDFで取得できるものを「登記事項」と呼んでいます）。

全部事項証明書からは以下を知ることができ、固定資産税評価明細書に記載している内容や、現場などで確認した内容と違いがないかをチェックするために使います。

① 対象地の所在・地番・地目・地積・所有者・抵当権の内容など
② 対象建物の所在・家屋番号・種類（用途）・各階の床面積・増減築の有無・附属建物の有無・所有者・抵当権の内容など

さらに、次のような事項のチェックにも使えるので参考にしてください。

① 地積更正の有無の確認⇒登記地積の信頼性を推測する
② 区分地上権に準ずる地役権の確認⇒高圧線の存在を知る
③ 共同担保目録の確認⇒把握していない相続財産の存在を推測する

全部事項証明書（登記事項）

表題部（土地の表示）	調製	平成9年6月26日	不動産番号	1234567891234
地図番号	余白	筆界特定	余白	
所在	○○○市○○○1丁目		余白	
	○○○市○○区○○○1丁目		平成22年4月1日区制施行 平成22年5月10日登記	

① 地番	②地目	③ 地積 町 反 畝 歩(坪) ㎡	原因及びその日付〔登記の日付〕
5766番23	畑	㊐ 107：	余白
123番4	余白	122：	昭和42年10月1日土地区画整理法の換地処分の換地 〔昭和42年11月13日〕
余白	宅地	122：00	②③昭和43年6月22日地目変更 〔昭和46年5月10日〕
余白	余白	余白	昭和63年法務省令第37号附則第2条第2項の規定により移記 平成9年6月26日

権利部（甲区）（所有権に関する事項）			
順位番号	登記の目的	受付年月日・受付番号	権利者その他の事項
1	条件付所有権移転仮登記	昭和３５年２月１７日 第 00000 号	原因　昭和３５年２月１７日売買（条件　農地法第５条の許可） 権利者 〇〇〇市〇〇一丁目〇番〇号 〇〇　〇〇 順位１番の登記を移記
	所有権移転	昭和４６年６月３日 第 11111 号	原因　昭和４３年６月２２日売買 所有者 〇〇〇市××一丁目×番×号 ××　×× 順位１番の登記を移記
付記１号	１番条件付所有権の移転	昭和４１年８月２５日 第 22222 号	原因　昭和４１年８月２４日売買 権利者 〇〇〇市××一丁目×番×号 ××　×× 順位１番付記２号の登記を移記
	余白	余白	昭和６３年法務省令第３７号附則第２条第２項の規定により移記 平成９年６月２６日
2	所有権移転	令和２年２月７日 第 33333 号	原因　令和１年５月２０日相続 所有者 〇〇市〇〇〇三丁目〇〇番〇号 ××　▲▲

権利部（乙区）（所有権以外の権利に関する事項）			
順位番号	登記の目的	受付年月日・受付番号	権利者その他の事項
1	抵当権設定	平成７年２月２８日 第 44444 号	原因　平成７年２月２７日保証委託契約に基づく求償債権同月２８日設定 債権額　金２，０００万円 損害金　年１４％（年３６５日日割計算） 連帯債務者 〇〇〇市××一丁目×番×号 ××　×× 〇〇〇市××一丁目×番×号 ××　△△ 抵当権者 東京都〇〇区〇〇一丁目7番1号 〇〇〇〇フィナンシャルカード株式会社 共同担保　目録(ふ)第 1234 号 順位２番の登記を移記
	余白	余白	昭和６３年法務省令第３７号附則第２条第２項の規定により移記 平成９年６月２６日
2	１番抵当権抹消	平成２０年２月２９日 第 55555 号	原因　平成１５年８月２９日解除

共同担保目録			
記号及び番号	(ふ)第 1234 号	調製	平成９年１０月８日
番号	担保の目的である権利の表示	順位番号	予備
1	〇〇〇市〇〇区〇〇〇1丁目123番4の土地	1	平成２０年２月２９日受付第 55555 号抹消
2	〇〇〇市〇〇区〇〇〇1丁目 123番地4 家屋番号 123番4の建物	1	平成２０年２月２９日受付第 55555 号抹消
	余白	余白	昭和６３年法務省令第３７号附則第３条の規定により移記 平成９年１０月８日
	余白	余白	平成２０年２月２９日全部抹消

＊　下線のあるものは抹消事項であることを示す。

(1) 地積更正の有無を確認する⇒登記地積の信頼性を推測する

地積更正の有無は、登記事項の「③地積」とその右隣の「原因及び日付」で確認できます。

もしここで、「国土調査による成果」、「土地区画整理法による換地処分」、

「錯誤」などの文言があれば、地積はその時点において正しいものに訂正されたと考えられます。何も記載されていなければ、随分昔の地積であると見込まれ、実際の地積と異なっている可能性も検討しなければなりません。

<table>
<tr><td colspan="2">表題部（土地の表示）</td><td>調製　余白</td><td>不動産番号</td></tr>
<tr><td>地図番号</td><td>余白</td><td>筆界特定</td><td>余白</td></tr>
<tr><td rowspan="3">所在</td><td colspan="2">○○市○○区○○○町</td><td>余白</td></tr>
<tr><td colspan="2">○○市○○区○○○町</td><td>平成６年１１月６日変更
平成６年１１月６日登記</td></tr>
<tr><td colspan="2">○○市○○区○○○一丁目</td><td>余白</td></tr>
<tr><td>①地番</td><td>②地目</td><td>③地積　㎡</td><td>原因及びその日付〔登記の日付〕</td></tr>
<tr><td>１１１１番８</td><td>畑</td><td>３００：</td><td>１１１１番４から分割
〔平成６年１月４日〕</td></tr>
<tr><td>４０番１５</td><td>宅地</td><td>２２０：３７</td><td>平成８年９月２０日　土地区画整理法による換地処分</td></tr>
</table>

(2) 区分地上権に準ずる地役権の確認⇒高圧線の存在を知る

区分地上権に準ずる地役権とは、特別高圧架空電線の架設、高圧のガスを通ずる導管の敷設、飛行場の設置、建築物の建築その他の目的のため地下又は空間について上下の範囲を定めて設定された地役権で、建造物の設置を制限するものです。実務上多いのは、特別高圧架空電線（ここでは「高圧線」と呼んでいます）を架設するために設定された区分地上権に準ずる地役権です。これは、その土地の上に高圧線を通すため、土地所有者が電力会社等のために設定した権利です。これにより、土地所有者はその高圧線の利用に支障をきたすような建物などは建てられなくなりますので、その建てられなくなる度合いによってその土地の評価額は低くなります（評基通25(5)、27-5)。

区分地上権に準ずる地役権についての登記は乙区に地上権として記載されています（登記がされていないこともあります。この場合は、現地や線下料の授受事績、電力会社等への照会により確認しなければなりません)。

登記がある場合、高圧線が土地のどの辺りにかかっているかを記載した図面（「地役権図面」といいます）が法務局に備え付けられていることが多いので、取得するようにしましょう。実際に評価するときに役立ちます。

権　利　部（乙区）（所有権以外の権利に関する事項）			
順位番号	登記の目的	受付年月日・受付番号	権利者その他の事項
1	地役権設定	昭和４７年９月１日 第１１１１号	原因　昭和４７年４月１日設定 目的　電線の支持物の設置を除く電線路の施設 範囲　北西側○○・○○㎡ 要役地　○○市○○区○○町○○番○ 土地区画整理法による換地処分により○○町 ○○○○番○の土地の登記用紙から移記 平成○年○月○○日受付 第○○○○○○号

(3) 共同担保目録の確認⇒把握していない相続財産の存在を推測する

共同担保目録とは、借入金の担保として金融機関などの債権者に提供された不動産の一覧表です。

銀行などは、万一貸付金の弁済が滞った場合には、担保である不動産を売却して債権を回収しなければなりませんから、担保不動産の価格が最も高くなるように担保をとる必要がありますし、当初担保提供を予定していた不動産で債権を確保できない場合には、別の不動産についても抵当権を設定してきます。

例えば、私道だけに接面している土地があるとします。一見すれば、その土地だけを担保とすればよいではないかと思うかもしれません。また、建築基準法においても私道の所有権がないからといって、その土地の上に建物を建築させないということはありません。しかし、私道も立派な私有財産です。その私道を利用するためには、何らかの権利がなければ使わせてもらえないということも十分あり得るのです。ですから、私道に接面している土地の場合、私道についてその一部の所有権や共有持ち分を有していることがほとんどです。

そのため、銀行などは、お金を貸すに当たり、あらかじめ私道の所有権についても確認し、その所有権や共有持分についても担保提供するように求めてきます。これにより、その土地と私道のいずれにも抵当権設定登記がなされるのですが、これは登記事項の乙区だけを見ても分からず、共同担保目録まで取得しなければ分かりません。

共同担保目録がある不動産であるならば、法務局の窓口や登記情報提供サービスで自動的に共同担保目録まで登記事項として付けてくれればよいのですが、なぜなのか分かりませんが、登記情報取得時にきちんと「共同担保目録も一緒に請求します」と示さなければもらえません。

また、私道の所有者が複数いる共有の場合、納税者の手元にある固定資産税課税明細書に記載がないということもあります。これを知らずに与えられた土地の情報だけで動くと、後で私道の相続登記が漏れていたとか、税務署から「私道の計上がありませんよ」と指摘され修正申告なんてことが出てきてとても厄介です。ですから、全部事項証明書を取得するときは、必ず、共同担保目録も取得するようにしましょう。

下記のイメージ図は、当初の情報では1234番1の土地と家屋番号1234番1の建物が相続財産であると考えていたところ、1234番1が接面する私道の一部である1234番11、1234番13も所有していたというケースです（本件では近接していますが、かなり離れている場合もあります）。元々の所有者であった被相続人であれば、このようなことは当然知っていたと思われますが、相続人ではなかなか気付かないことになりますので、共同担保目録に把握していなかった不動産の記載がある場合には、その不動産の全部事項証明書を取得して、把握漏れの不動産がないか確認することが重要です。

【イメージ図】

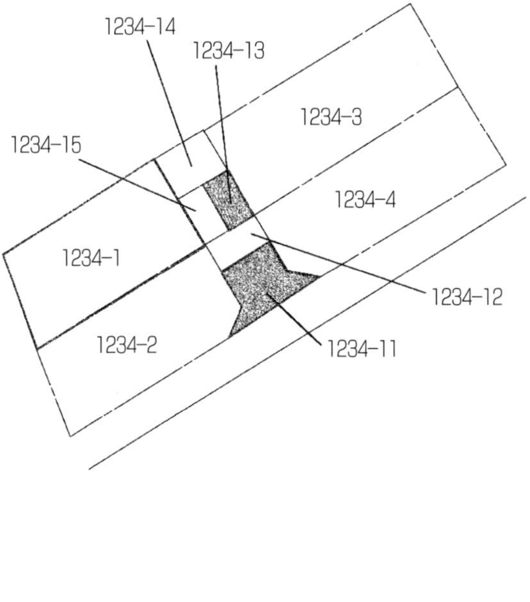

3　公図

公図とは、土地の区画を明確にし、地番を記載した図面で、その不動産が所在する市区町村を管轄する法務局に備え付けられています。地方によっては「字《あざ》図《ず》」と呼んだりしています。

公図には、下記の2種類があります。

①　不動産登記法14条に規定する地図（以下、「14条地図」といいます）
②　不動産登記法14条に規定する地図に準ずる図面（以下、「準ずる図面」といいます）

実際に、法務局の窓口や登記情報提供サービスで公図を申請をすると、14条地図がある場合には14条地図が交付され（登記情報提供サービスではPDFで出力され）、そうでない場合には準ずる図面が交付され（登記情報提供サービスではPDFで出力され）ます。

14条地図は、厳密な測量などに基づいて作成された地図ですが、各法務局が独自の調査に基づいて作成したものよりも、国土調査の地籍図などを代用して14条地図としているケースが多いようです。

14条地図は全ての土地について備え付けられているべきものなのですが、作製が追い付かず、全体のおよそ半分については14条地図が備え付けられていないといわれています。

では、14条地図がないところはどうしているのかというと、明治時代に徴税目的で作成された地図（旧土地台帳附属地図）や、過去の土地区画整理事業で作成された図面（中には14条地図並みに精度が高いものもあります）などが、14条地図に「準ずる図面」として、14地図が作成されるまでの間とりあえず備え付けられており、これが交付されます。

このことから、交付された公図が14条地図であれば相当の精度があると考えられますが、準ずる図面であればそれほどの精度は望めないので、そこから得られる間口、奥行、かげ地割合を鵜呑みにして路線価評価しても本来の評価額と乖離する可能性が多くなると考えられます。

したがって、公図が「準ずる図面」であり、ほかに精度の高い図面（地積測量図、実測図、境界確定図など）を入手できるのであれば、当然そちらを積極的に使うようにしなければなりません。

なお、公図は、周辺地番の所有者などをチェックする資料としても役立ちます（24頁参照）ので、対象地の印だけマークして終わりにするのはもったいないと考えます。公図には、対象地及びその周辺の土地の地番が記載されていますので、これを使って隣接地などの登記情報を取得していくと私道持分の確認漏れなどが判明することがあります。

14条地図の例

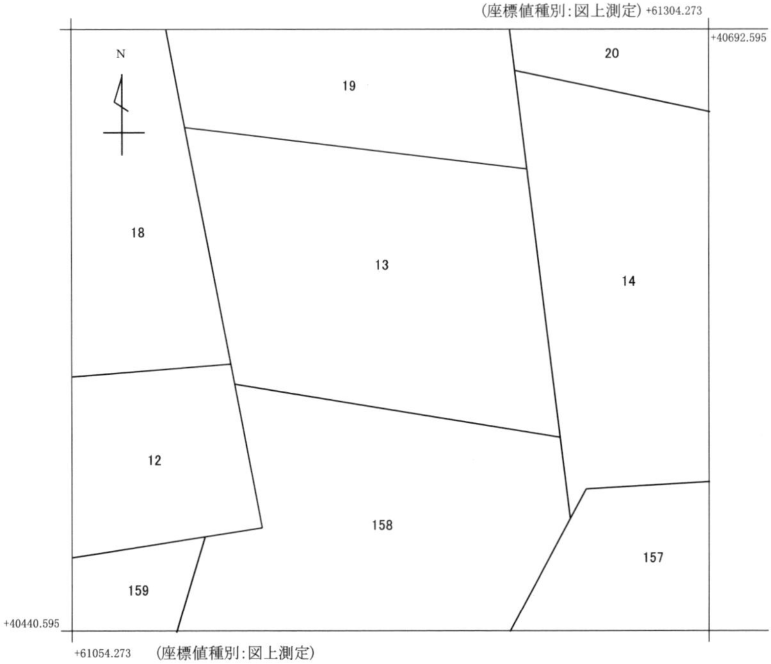

請求部分	所在	何市区郡何町村大字何字何					地番	13番	
出力縮尺	1/500	精度区分	甲二	座標系番号又は記号	IX	分類	地図（法第14条第1項）	種類	法務局作成地図
作成年月日	平成○年○月○日		備付年月日（原図）	平成○年○月○日			補記事項		

これは地図に記録されている内容を証明した書面である。

平成　年　月　日

法務局　出張所

登記官

電子公印

（出典：盛岡地方法務局ホームページ）

準ずる図面の例

N
2747-2
2747-6
2747-5
2747-3
2747-7
2747-1
2748-1
2748-2
2748-6
2748-7
2748-5
2748-9
2749-27
2749-64
2749-28
2749-29
2749-39
2749-40
2749-24
2749-78
2749-38
2749-30
2749-31
2749-83
2749-23
2749-22
2749-21
2749-20
2749-19
2749-18
2749-17
2749-16
2749-15
2749-65
2749-13
2749-10
2749-9
2749-7
2749-11
2749-12
2749-5
2749-3
2749-41
2749-70
2749-69
2749-72
2749-73
2749-75
2749-53
2749-59
2749-60
2750-9
道
対象地
隣接地の登記事項
を確認することが
望ましい。
地番区域見出
○○○丁目
請求部分
所在
○○市○○○三丁目
地番
○○○○番○○
出力縮尺
1/600
精度区分
座標系番号又は記号
分類
地図に準ずる図面
種類
旧土地台帳附属地図
作成年月日
備付年月日(原図)
補記事項

4　地積測量図

地積測量図とは、一筆の土地を測量した結果を明らかにした図面で、その不動産が所在する市町村を管轄する法務局に備え付けられており、当該法務局の窓口又は登記情報提供サービスで取得できます。

地積測量図も、公図と同様に評価する土地の位置、形状などを確認するために使いますが、作製当時の技術で土地家屋調査士等が対象地を測量した結果に基づいていますので、一般的には公図よりも信頼性が高いことが多いと思います。

現在の法令上は、土地の表題登記、分筆の登記等を申請する場合には添付しなければならない図面で、公衆の縦覧に供されることになっていますが、古くから存続している土地については地積測量図がないことが結構あります。

また、地積測量図が備え付けられていても、その作成した時期が古い場合、精度が劣っている場合がありますので、あるからといって安心するのではなく、現地や他の資料との照合を通じて対象地の現況を把握するよう絶えず注意する必要はあります。

さらに、分筆された土地の場合、地積測量図を申請すると、分筆で新しくできた土地（ここでは「分筆先の土地」といいます）と残った土地（「残地《ざんち》」といいます）両方の地番が記載されている地積測量図を取得できますが、注意が必要です。それは、現在においては、分筆するときには分筆先の土地と残地の両方の土地について正確に測量の上、その結果を記載した地積測量図が備え付けられることになっているのですが、昔は分筆先の土地だけを正確に測量し、残地については測量を省略して、分筆前の地積から分筆先の土地の地積を差し引いた地積を残地の地積とするということが行われていたからです。このため、残地の地積は現況と合っていないということがよくあります。

特に、分筆を繰り返している土地の残地については歪みが重畳的に蓄積されいますので、実際の地積と大きく乖離することがあります。

地積測量図

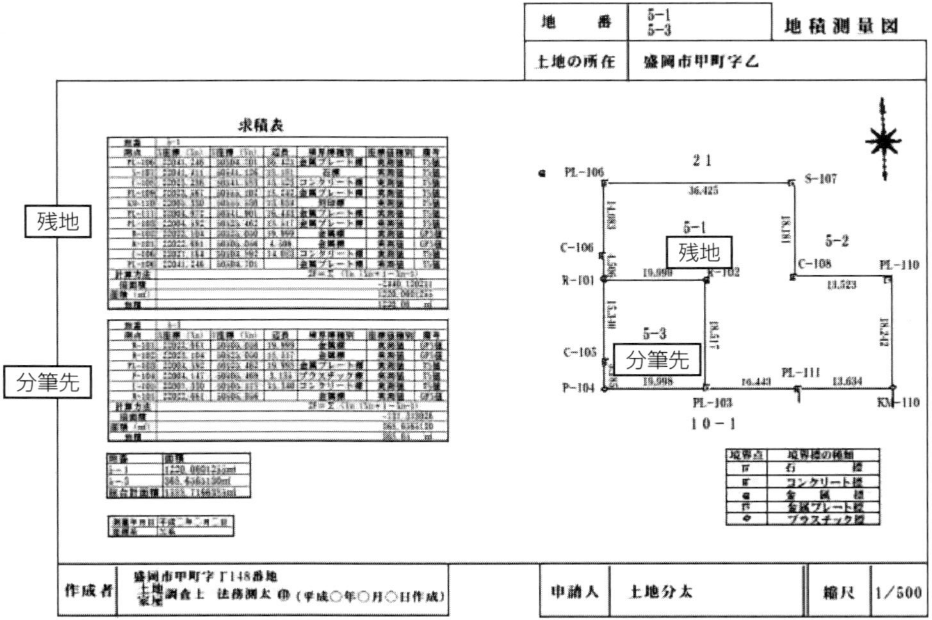

（出典：盛岡地方法務局ホームページ）

この例は残地についても測量していますが、古いものは測量していないものも多いです。
また、右の図で測量しているにもかかわらず、求積表上は（分筆前の地積－分筆先の地積＝控除後の地積）とし、登記数量も控除後の地積としているものがあります。
この場合評価で採用する地積は、登記数量ではなく、右の図で測量した地積を採用すべきです。

5　建物図面・各階平面図

建物図面は、建物登記が行われたときの建物の位置を表示した図面で、各階平面図は、建物の各階ごとの形状を表示した図面（各階平面図）です。多くの場合両者は一緒になっています。

基本的には建物の物的確認のために使うものですが、よく見ていくと、建物が対象地と隣接地にまたがっており、所有権でない土地利用権限（借地権等）があることが判明することがあり、相続財産の計上漏れを防ぐことができます。

また、独立行政法人都市再生機構（旧公団）等が分譲した団地内の区分所有建物のように、非常に大きな土地が一団となって敷地権を構成している場合、建物図面に一団の土地がコンパクトにまとめられて記載されていることがあり、分譲パンフレットと同様に公図等を１枚にまとめる面倒な作業を省くことができる場合があります。

建物図面・各階平面図

地積：30,773.50m²
公図で合成するとA1サイズになるほど大きいものが、A3サイズに収まります。

6　地役権図面

地役権図面は、対象地の一部に地役権の登記がされている場合に地役権設定部分の対象不動産における位置を図示したもので、法務局や登記情報提供サービスで取得できますが、登記事項とは別に請求しないと取得できないので、注意が必要です。

なお、高圧線が対象地の上空に架かっている可能性があるにもかかわらず、地役権設定登記がない場合も相当ありますので、そのような場合には高圧線を管理している電力会社（又はその関連会社）に問い合わせし、その内容（対象地における位置、電線の最下垂時の想定距離、離隔距離制限など）を確認する必要があります。

電力会社等へ問い合わせを行う際には、対象地周辺の鉄塔番号を聞かれることが多いです。鉄塔番号や管理する電力会社の連絡先は、その鉄塔に記載されていますので、現地調査では、上空を見上げ高圧線がないか確認し、架かっている、あるいは架かっている可能性がある場合には、周辺にある鉄塔まで行ってこれらを確認する必要があります。

地役権図面

承役地の地番	○○−○
承役地の所在	○○市○○○7丁目

地 役 権 図 面

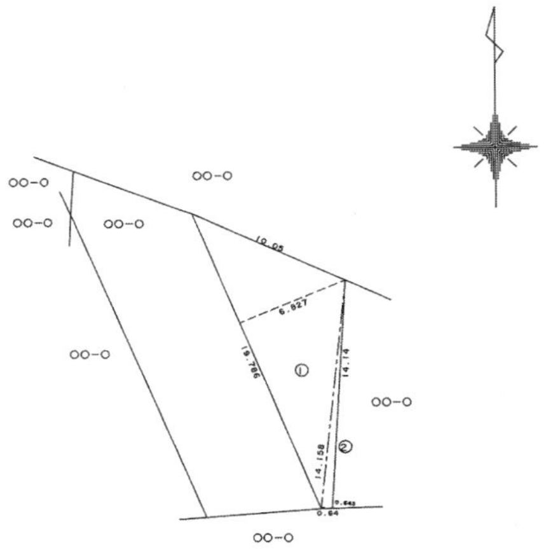

三斜求積表

地番	○○−○		
NO.	底辺	高さ	倍面積
1	19.786	6.827	135.079022
2	14.158	0.643	9.103594
		倍面積	144.182616
		面積	72.0913080
		地積	72.09 ㎡

地役権図面第 ○○○ 号

（長辺納）

申請人		地役権者		平成○年○月○日作製	縮尺	1/250

2 さらに取得・確認しておくと便利な資料等

上記**1**に加え、法務局において確認しておいた方が望ましい事項は以下のとおりです。

1　法務局における地図作成作業の確認

法務局備付の公図のうち、14条地図でないものは精度が劣ることが多いことは上記**1 3**で述べましたが、法務局においても14条地図の作成を行っている場合があります。

この場合、近い将来、対象地の地積や形状が変わる場合があり、後日税務調査で指摘される可能性がありますので、法務局においてこのような地図作成作業を行っている地域はないか、もしある場合には対象地が当該地域に含まれていないか確認する必要があります。その上で対象地が当該地域に含まれている場合には、正確な図面の取得に努めなければならなくなると思われます。

法務局の窓口等でも確認できますが、作業中のところは法務局のホームページでも確認できます。

地図作成作業の案内例

登記所備付地図作成作業について（お知ら

令和４年８月

　この度、東京法務局では、江東区北砂四丁目の一部地区において、精度の高い地図（不動産登記法第１４条第１項に定める地図）を作成することとしました。

　つきましては、本作業の目的等をご理解いただき、ご協力を賜りますようお願いいたします。

☆　地図作成の目的

　現在、法務局に備え付けている地図の多くは、明治時代に作成され、土地の形状や境界（筆界）が不正確なものが多い状況にあります。このような理由から、道路・下水道整備などの公共事業、土地や建物の売買などの不動産取引、あるいは災害復旧等に問題が生じています。

　そこで、東京法務局では、これらの問題を解決することを目的として、土地一筆ごとの境界（筆界）を確認の上、測量を行い、現地に境界点（筆界点）を正確に再現できる精度の高い地図を作成することとしました。

☆　地図作成のメリット

- □　国が測量費用を負担します。
- □　各筆の土地の位置・境界を特定することから、境界（筆界）に関する紛争を未然に防止することができます。この結果、安全な土地取引や、円滑な不動産担保融資等にも資することができます。
- □　各土地の境界点（筆界点）が「公共基準点」に基づく現地復元性のある公共座標値を保持することにより、災害等で土地の位置や区画が不明確となっても、境界点（筆界点）を復元することが可能となり、迅速な復興が期待できます。
- □　地図のほか、境界点（筆界点）の公共座標値を記録した地積測量図も備え付けるため、境界標識が亡失した場合でも復元することが可能です。

☆　作業対象地区＜北砂四丁目の一部地区（0.10㎢）＞

測量法に基づく国土地理院長承認（使用）R 3JHs 864

☆　作業期間等

作業期間：令和４年８月から令和６年３月まで
計画機関：東京法務局
作業機関：一般社団法人東京公共嘱託登記土地家屋調査士協会

☆　地図作成の流れ　※後記のとおり

☆　お問合せ

東京都千代田区九段南１－１－１５　九段第２合同庁舎
東京法務局民事行政部不動産登記部門　地図作成作業担当
電　話　　０３－５２１３－１４１４（直通）
業務時間　　午前８時３０分～午後５時１５分（土日祝日、年末年始は除く）

（出典：法務局ホームページ）

事例コラム⑦　敷地の中に無番地があるが、赤道《あかみち》か水路か分からないケース

A税理士は、東京都B区に分譲マンションを所有していた被相続人甲の相続人Cから相続税の申告を依頼されました。

当該分譲マンションは、都内でも有数の繁華街であるDの「○○通り」背後の小規模店舗、雑貨店、高層店舗付マンション等が混在する地域に所在し、街路も随分と入り組んでいます。

A税理士は、Cとの当初打ち合わせ時に分譲マンションの管理規約集の提示を受け、そこに記載されている配置図等を確認したところ、形状に凸凹があり、かなり不整形でしたが、その他は特に留意すべき点は見当たりませんでした。

次に事務所のパソコンで、登記情報提供サービスからマンションの建物登記全部事項、建物図面・各階平面図、マンション敷地の登記全部事項・公図（地積測量図は備付なし）を取得したところ、敷地の中に無番地が介在していました。

土地の中に赤道や水路が介在し、これらを一体として建物の敷地として利用している場合は、赤道や水路を含めて一体評価し、赤道や水路の払下費用相当額を控除して評価します。なお、当該払下費用相当額は、原則として相続人等が払下申請等を行った場合に支払うこととなる金額ですが、その金額が判明しない場合には、次の算式により算定した金額を控除して差し支えないとされています。（東京国税局課税一部　資産税課資産評価官　「資産税審理研修資料」　TAINS 評価事例 708135、同評価事例 708295）。

〔1m^2 当たりの当該宅地の相続税評価額〕×（1－借地権割合）
×需給調整率（0.5）×〔当該宅地に存する赤道の面積〕

上記算式も重要ですが、本件で最も重要なのは、無番地の払下げが受け

られるのかどうかの確認です。現に機能している水路の場合には払下げは受けられない場合もあります。

そこでA税理士は、現地調査に赴き、無番地がマンションの敷地として一体利用されていることを確認した上で、赤道を管理しているB区管理課窓口に出向き、無番地の払下げができるのか否かの照会をしたところ、「(A税理士が提示した）公図では赤道か水路か分からないので、まずは所轄の法務局窓口で閉鎖された公図を取得し、赤道なのか、水路なのか確認してほしい。赤道であれば当区役所で回答するが、水路であれば財務事務所で確認してほしい」との回答でした。

現在の公図では番地の記載がないことは分かるのですが、色が付いていません。昔の公図では赤道（里道）については赤く着色し、水路であれば青く着色してあるので、役所に払下げの可能性を確認するため閉鎖された公図を確認する必要があるのです。

A税理士は所轄の法務局に出向き、閉鎖された公図を取得しましたが、そこにも無番地には着色がありません。法務局の職員に無番地の着色された公図を確認したい旨を伝えると「さらに前の閉鎖された公図を取得して確認してください」とのこと。A税理士がさらに前の公図を取得すると、無番地の着色がされており、対象地に介在している無番地は青色で着色されていました。

これを区役所の管理課窓口に持参すると、赤道はこちらの管轄であるが、水路は財務事務所の管轄なので、そちらに照会してほしいとして、担当窓口の連絡先を教えられました。

翌日、A税理士が財務事務所の担当窓口に連絡すると、現在の公図、閉鎖された公図の全て、所在図をファックスで送信するよう指示され、A税理士は指示に従い諸資料をファックスしました。その翌日、A税理士の元に財務事務所の担当者から電話があり、水路は機能しておらず、払下げは可能であること、具体的な払下げ費用は現段階では答えられないことが判明しました。

ここでお伝えしたいことは、財産評価基本通達等に記載してあることにたどり着くためには、多くの確認をしなければならないということです。財産評価基本通達等においては、事実確認の結果を受けた事後処理の仕方の記載が中心で、肝心の事実確認を具体的にどう行うのかの記載が不十分なのです。この事例では、比較的スムーズに確認がなされていますが、役所の担当者が不在であるとか、担当者自体がこのような業務に不案内などの理由で何日もかかってしまうこともあります。経験したことがない事実が資料により確認された場合には、時間が取られることを覚悟する必要があります。

この事例でA税理士が確認した作業をフローで示すと以下のとおりです。

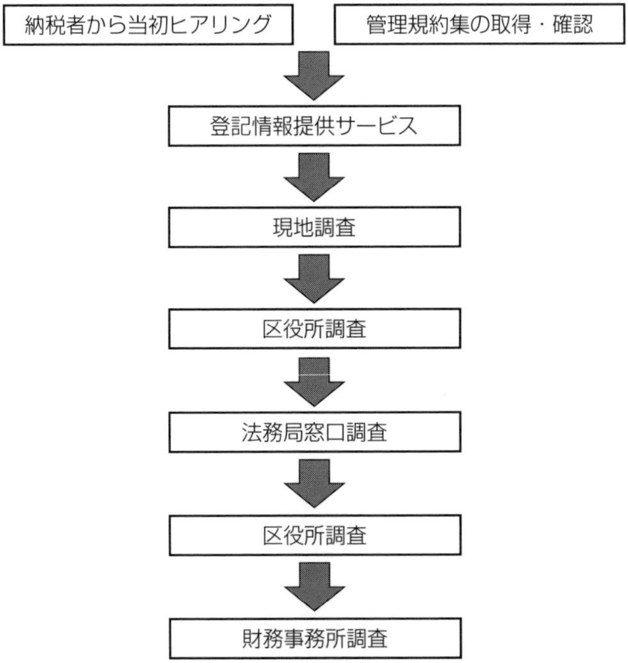

【イメージ図】

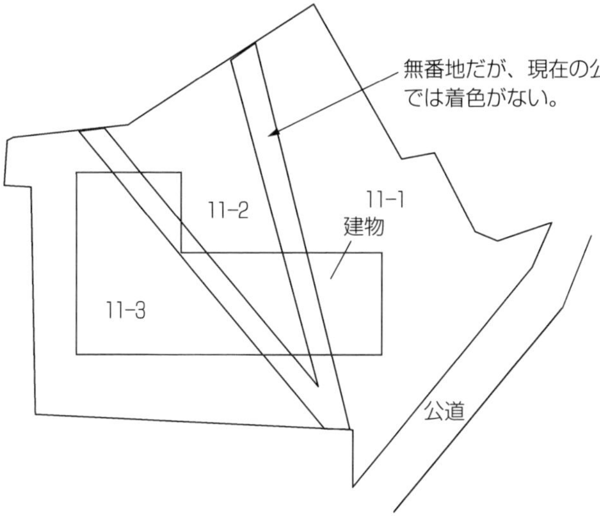

事例コラム⑧　**周辺地番の土地の登記事項の確認を怠ったため、相続財産である私道の計上を漏らしたケース**

A 税理士は、B 市 C 区に所在する賃貸アパートを所有していた被相続人甲の相続人 D から依頼を受けて、相続税申告書の作成及び提出をすることとなりました。

当該アパートは、私鉄 E 線から徒歩 15 分程度の戸建住宅を中心に低層アパートが介在する既成住宅地域内にあり、バス通りから 50m ほど離れた行き止まり道路（私道）の終端に位置しています。

A 税理士は、相続人代表の F から固定資産税課税明細書を取得しました。そこには賃貸アパート（所在：B 市 C 区 G1234 番 1、家屋番号 1234 番 1）と当該アパートと同じ地番が付されている土地（1234 番 1）が記載されていましたので、A 税理士は家屋番号 1234 番 1 の建物及び 1234 番 1 の土地の登記事項等を取得しました。登記事項は共同担保目録もあわせて取得するようにしたのですが、乙区（所有権以外の権利に関する事項）の記載がないため、共同担保目録の添付はありませんでした。公図を見ると、賃貸アパートに至る道路と思われるところは道路状に見えるのですが、多くの筆に細かく分かれていました。

A税理士は、固定資産税評価明細書には1234番1の土地の記載しかないことから、当該土地のみを対象として相続税評価を行い、相続税の申告を行いました。

相続税の申告を行ってから1年ほど経った8月下旬に甲の住所地を所轄する税務署から税務調査の通知を受け、税務調査に立ち会うことになりました。納税者の代理人として税務署側とやりとりする中で、調査官から「私道の計上が漏れている」との指摘を受けました。調査官の指摘事項にあわせて、公図上において道路状に記載されていた各土地の登記事項を確認すると、その中の5筆が被相続人名義となっていることが判明しました。A税理士がB市役所の資産税課に確認したところ、B市では、公衆用道路など固定資産税が非課税となる土地については固定資産税課税明細書等に記載しないことにしているとのことでした。

A税理士は各相続人に説明して、修正申告に応じることになりました。

固定資産税課税明細書に非課税の土地を記載しない役所がたまにあります。また、共同担保目録は抵当権設定がなければ備えられませんから、乙区の記載がなければ当然取得できません。また、これらの記載等がなかったからといって申告漏れがあれば当然指摘されるものと考えられます。

これに備えるためには、対象地の周辺の地番について登記事項を取得し、所有者を確認すべきです。特に本件のような場合には、取得すべき筆の数が多数にのぼりますが、道路状の部分を構成する筆全てについて確認しなければなりません。私道は評価額が低いかもしれませんが、「塵も積もれば山となる」と考えて丁寧に確認しましょう。

【対象地だけでなく私道の一部を所有している例】

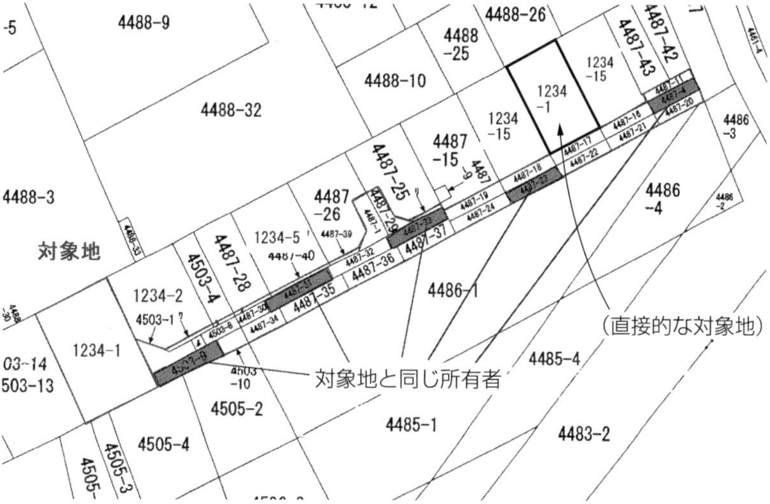

事例コラム⑨　**登記情報提供サービスの情報だけに頼ったため、土地の所在を誤りそうになったケース**

A税理士は、都内B区に所在する賃貸アパートを所有していた被相続人甲の相続人Cから依頼を受けて、相続税申告書の作成を行うことになりました。

当初打ち合わせ時のCの説明によると、アパートは借地の上に建っているはずだが、土地賃貸借契約書が見つからず、固定資産税課税明細書にも借地なので土地の記載がないとのことでした。

賃貸アパートの所在及び地番は○○1丁目10番地、家屋番号は10番10となっており、建物図面・各階平面図では○○1丁目10番の土地の上に建っていると記載されています。しかし、○○1丁目10番の土地については登記事項がなく、賃貸アパートが建っていると思われるところには、10

番2、10番10、10番11の土地が記載されていました。

A税理士は、賃貸アパートが建っている土地は10番10であると判断し、相続税の評価を行いました。

評価が一通り終了したところで、Dに説明に行くと、10番10の登記事項に記載されている土地所有者は地主ではないと思うと言われました。そこで、A税理士は建物図面・各階平面図に記載されている内容を、公図・地積測量図にできる限り正確に落とし込んでみました。そうすると、賃貸アパートは10番10の上ではなく、西側に隣接する10番2の上にありそうだということが判明しました。また、10番の土地は10年前に何回か分筆されていることが分かりました。改めて10番2の全部事項を確認し、D立会いのもと現地調査を行うと、10番2の上にあることが判明しました。

このような事例は初歩的なミスであると切って捨てることができるかもしれませんが、意外と陥りやすいのではないでしょうか。

土地賃貸借契約書がなければ、被相続人の預金通帳の履歴、被相続人が提出した過去の確定申告書により地主を特定し、登記事項と照合することにより対象地を特定することになります。ただ、これらの資料がなく、相続人の記憶もあいまいな場合は、法務局で確認できる資料だけでは土地の物的確認は困難を極めます。

このような場合には、現地調査が必要になってきます。机上調査は必須ですが、現地で照合してはじめて土地の物的確認は完了となることを肝に銘ずるべきです（このほか、役所の固定資産税担当備付の航空写真等で概ねの位置を推測できる場合がありますので活用することをおすすめします）。

【イメージ図】

建物図面・各階平面図

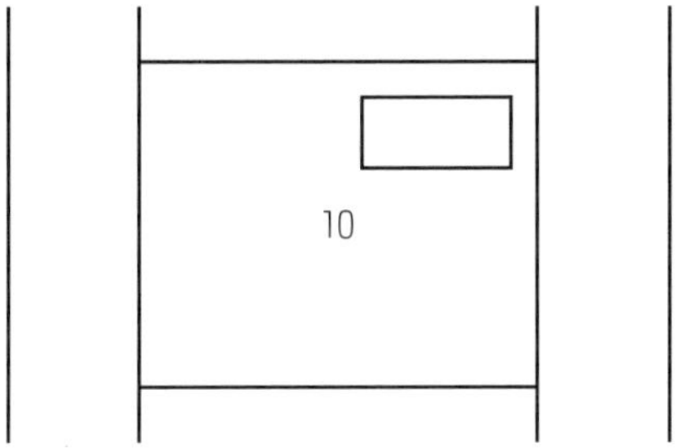

公図・地積測量図

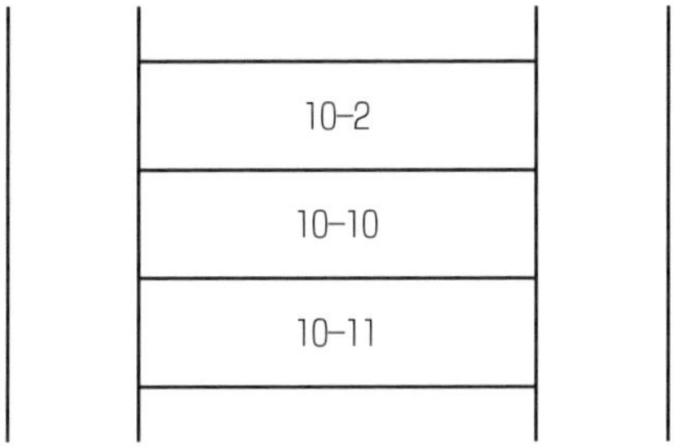

事例コラム⑩　登記事項に記載されている建物を相続財産と考えていたが、その建物が現存せず全く違う建物が対象地にあったケース

A 税理士は、B 市に居住していた被相続人甲の相続人 C から依頼を受けて、相続税申告書の作成及び申告を行うことになりました。

甲の自宅は私鉄 D 線の急行停車駅から徒歩約 10 分のところに所在しています。

A 税理士が、C から取得した名寄帳を基に土地建物の登記情報を取得すると、土地の所在及び地番・地目・地積の記載は固定資産税課税明細書と一致しますが、建物については一致しません（下記参照）。

【登記事項】

所在：B市○○一丁目100番地1
家屋番号：100番1
種類：居宅
構造：木造亜鉛メッキ鋼板葺平家建
床面積：50.00m²
原因及びその日付：余白

【名寄帳】

所在：B市○○一丁目100番地
家屋番号：記載なし（未登記）
種類：居宅
構造：木造亜鉛メッキ地上2階建
床面積：100.00m²
建築年月日：昭和63年　不詳

A税理士は、当初の打ち合わせでCから取得していた委任状を持ってB市固定資産税課窓口に出向き、家屋課税（補充）台帳、航空写真を確認し、さらに現地調査で照合したところ、名寄帳記載の建物が対象地の上にあることは間違いないようです。改めてCに確認したところ、対象地にある建物は昭和63年頃に建て替えたと思うとの発言等から、A税理士は登記事項記載の建物ではなく、固定資産税課税明細書記載の建物を相続財産として申告しました。

このように登記事項記載の建物が既になく、建て替えた未登記建物が対象地の上にあることがあります。また、本件では触れていませんが、建て替えたのが被相続人の先代で、遺産分割協議がなされておらず、真の所有者が決まっていないというケースもあります。

さらに、名寄帳にも記載されていない、未登記建物があることもあります。この場合、その未登記建物をどのように評価するか（固定資産税担当に課税させるのか、その他の方法を使うのか）についても検討しなければならなくなります。

事例コラム⑪　詳細な測量図等を取得せず公図だけでかげ地割合等を査定して評価した結果、実態を反映していない相続税対策となってしまったケース

Aさんは、東京都郊外にあるB会計事務所の資産税担当で、勤続約20年のベテラン職員です。B会計事務所は地元では老舗といわれ、多くの職員を抱える事務所で、周辺の地主さんとの関係も深く、たくさんの不動産を有する関与先を数多く持っています。このため、事務所の職員の80％程度は個人及び法人の巡回・決算業務、所得税・法人税・消費税の申告業務に携わっていますが、20％は相続税申告業務・（生前）相続対策業務等の専担者として従事しています。

この度、Aさんは地元でも有名な地主であるCの相続税の事前シミュレーションを担当することになりました。B会計事務所では、比較的大きな相続税額が見込まれる顧客については毎年事前シミュレーションを行っています。また、B会計事務所では事前シミュレーションの場合、コストパフォーマンス等の関係もあり、地積測量図等の詳細な図面の有無にかかわらず、土地の評価は固定資産税課税明細書及び登記事項と公図だけで机上評価することにしています。

Cの所有する土地が所在する地域は、戦中の空襲を逃れたエリアで、区画整理も行われておらず、公図も明治時代に作られた旧土地台帳附属地図を基にした「準ずる図面」しか備え付けられていません。Aさんは B会計事務所の方針に従い、固定資産税課税明細書及び登記事項で数量等を確定し、かげ地補正については公図だけで想定整形地を作成して机上評価を行いました。その中の登記地積が3,000m^2の不整形地（普通住宅地図所在）について想定整形地を描いたところ、かげ地割合は52％（不整形地補正率：0.87）と計算されました。しかし、想定整形図をプロットした公図を見ると、かげ地割合はそこまであるようには見えません。Cさんは間違えたかなとも思いましたが、今までも同様の結果で報告していることから、そのまま「相続税対策シミュレーション報告書」を作成し、仮にCに相続が発生した場合の相続税予想額を2億4千万円と報告しました。

その3年後、Cに相続が発生し、相続税の申告を行うことになりました。申告の担当はAさんの業務の多寡を考慮して、新しくB事務所所属となったD税理士が担当することになりました。

D税理士が、公図のほかCの相続人から取得した測量図、設計図書等の詳細な図面を確認し、役所調査、現地調査を行ったところ、公図の縮尺が実際の縮尺と異なること、形状が随分違うこと、約20％の「縄伸び」（実測した地積の方が、固定資産税課税明細書や登記事項記載の地積より約20％大きいこと）が判明しました。

これらの事実関係に基づいて改めて評価し直したところ、かげ地割合はプラスとなるもののその程度が非常に小さいこと、縄伸びがあることから評価額が1億円ほど上昇し、実際の相続税額は以前試算した相続税額より4千万円増えてしまいました。

C家は、B事務所のシミュレーションに基づき、Cの相続税納税資金として2億4千万円の現預金は準備していましたが、4千万円不足しているので、「毎年報酬を支払ってシミュレーションしているのに足りないというのはどういうことか」とD税理士に問いただしました。D税理士の報告を受けたB事務所は、シミュレーションを担当したAさんだけでなく、Aさんの上司であるE課長、D税理士が同席して事前のシミュレーションはあくまで机上評価であることを説明しましたが、相続人はなかなか納得してくれませんでした。

結局、B会計事務所の代表のE税理士が、直接相続人と面談し、誠心誠意説明等を行った結果、了承を得ることができましたが、担当であるD税理士はこれらのクレーム処理のため多大な時間を費やすことになってしまいました。

歴史の長い会計事務所や大手会計事務所では、たくさんの土地を有する地主や法人を関与先として有し、サービスの一環として相続が起きた場合の相続税の試算・相続対策プランを提供していることが多いかと思われます。

会計事務所としては、巡回・決算業務や所得税、法人税等の計算が日常最も重視すべきサービスであること、資産税業務に割くことができる人員確保には限界があること、コストパフォーマンス等から、このような生前に行う試算や相続対策については、実際の相続税申告を行う場合と比較すると簡略化した評価で済ませざるを得ないところもあるようです。また、サービスの提供を受ける関与先としても、「まだ先」との認識があるためか、とりあえずシミュレーションができればよいので、それなりの報酬を会計事務所に支払う必要が出てくる詳細な報告は必要ないとする向きもあるのではないでしょうか。

このようなことから、シミュレーション作成をする側としても「あくまで簡易な評価であり、実際相続税申告を行った場合の納税額とは異なる」等と関与先に説明していることが多いようです。しかし、報告書に基づいて納税額の準備をしているにもかかわらず、相続税額が大幅に増加したとなると、本事例のようにクレームに至ることが少なくありません。

税理士、関与先ともに、「シミュレーションだから」といって安易に簡易な評価に流されることなく、シミュレーションの目的に沿ったきめの細かい対応が求められます。

第4章

その他税理士が収集する資料

1 基本的な資料

税理士自らが収集（作成）する資料として基本的なものは以下のとおりです。

① **位置図**
② **住宅地図**
③ **路線価図**

1 位置図

位置図とは、2,500 分の 1、5,000 分の 1 など比較的縮尺の小さい地形図に対象地の位置を落とし込んだものです。地形図は、対象地が所在する市町村役場の窓口で販売されていることが多いのですが、最近は役所のホームページで取得することができるようにしているところもあります。

こうして取得した地形図に、公図や地積測量図等を基にして対象地の位置をなるべく正確に記載します。市販の住宅地図で十分だという見解もあるかと思いますが、地形図には等高線が記載されているので、周辺の地勢（傾斜、凸凹など）を把握できることがあります。また、対象地及びその周辺を広く俯瞰することができ、周辺の公示地や基準地などの情報もあわせて落とし込んでおくと、周辺の実際の時価はどのような水準なのか一目で確認でき、納税者との円滑な会話にも役立ちます。

位置図の作成例

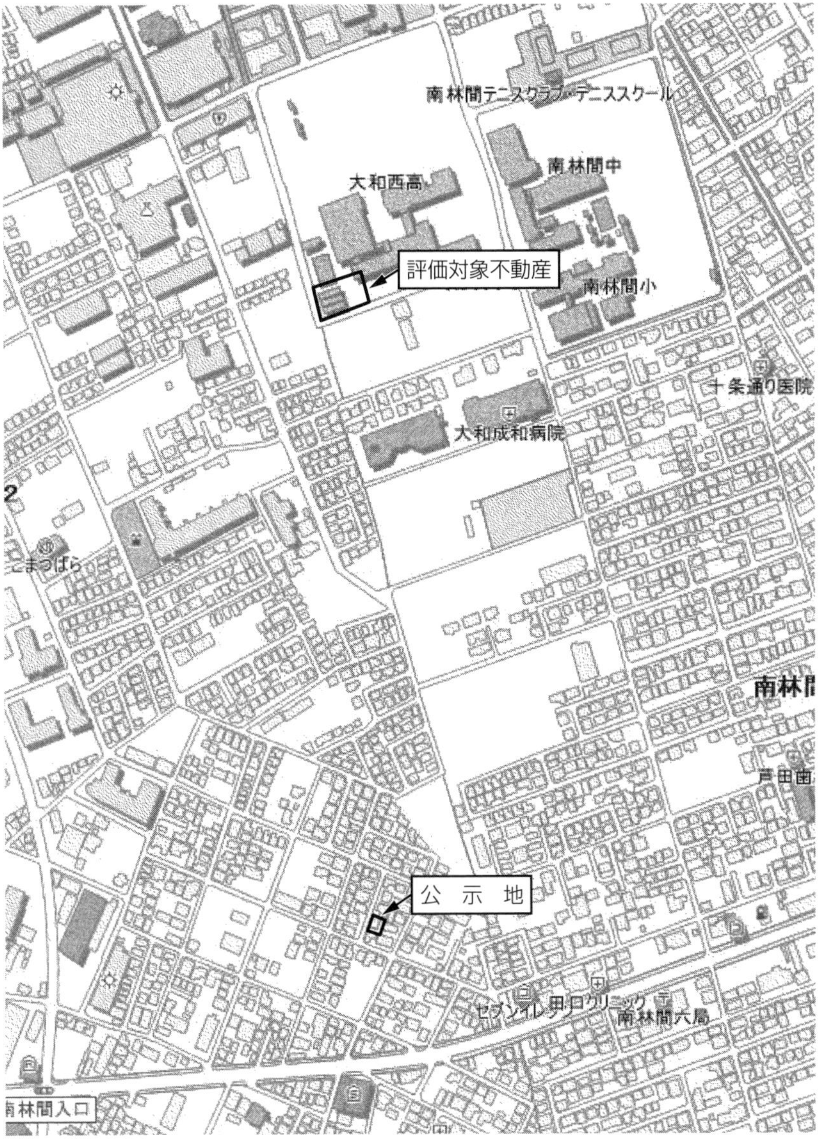
南林間テニスクラブ・テニススクール
大和西高
南林間中
評価対象不動産
南林間小
十条通り医院
大和成和病院
公　示　地
セブンイレブン
田口クリニック
南林間六局
南林間入口

2 住宅地図

住宅地図が対象地周辺の土地利用状況を確認する上で非常に有用な資料であることは、周知のとおりかと思います。少し前まではゼンリンの住宅地図がその代表格でしたが、近年はGoogleマップの活用も増えているようです。しかし、表札名等はGoogleマップでは詳細に記載されていないので、両者を併用することをおすすめします。

こうして取得した住宅地図に、公図や地積測量図等を基にして対象地の位置をなるべく正確に記載します。

住宅地図を細かく見ていくと、対象地の概ねの位置や対象地の上にある建物等の形状だけでなく、対象地の相続税評価に当たって有益な情報が描かれています。次頁の図を見てください。これは、対象地の北側に高圧線の鉄塔があることを示しており、そこから延びている電線を延長してみると、高圧線が対象地の上空に架かっているかどうかを判断する一助を与えてくれます。もし、高圧線が対象地の上空に架かっているのであれば、区分地上権に準ずる地役権の目的となっている承役地として減価できます（評基通25（5）、27-5）。

上記については、最終的には現地調査や電力会社等への確認を経てから確定すべき事項です。地役権として対象地の登記事項に記載されているのであれば、見落とすことはないと思われますが、登記がない場合には相当意識していないと見落としかねませんので、準備段階でぜひチェックしておきたいものとなります。

そのほか、対象地の近くに「遺跡公園」や「城址公園」等がある場合には、対象地が周知の埋蔵文化財包蔵地に含まれている可能性を探るヒントを与えてくれますので、覚えておくと便利です。

住宅地図

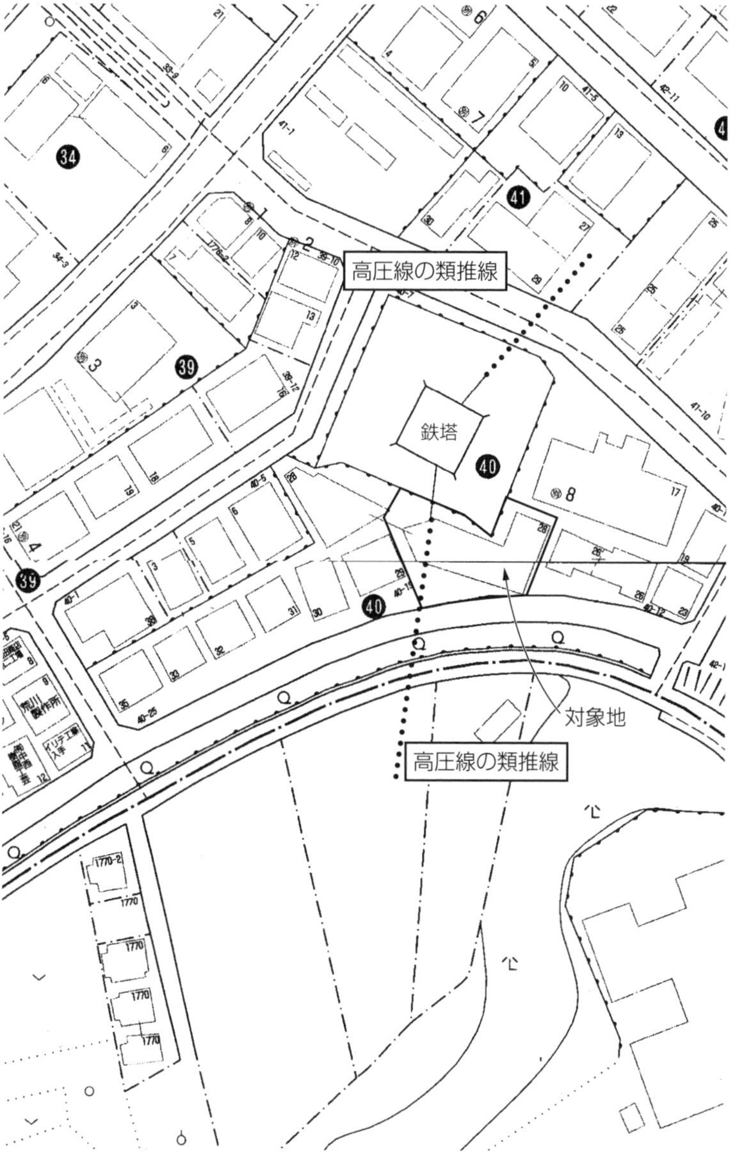

3　路線価図

路線価図は、主に対象地の路線価・借地権割合・地区区分を確認するために使う資料になりますが、ここではそれ以外の利用方法を紹介します。

1つ目は、上記**2**の住宅地図と同様に、路線価図にも高圧線の鉄塔が描かれていることがあります。

2つ目は、対象地周辺の地価公示標準地や都道府県地価調査基準地が描かれていることがあります。この場合、周辺地域の公示価格や基準地価が分かるので、路線価と時価とのバランスがとれているのか確認することができます。

92頁の図を見てください。「公10」（地価公示標準地）・「基5–10」（地価調査基準地）のように、そのポイントが四角枠で記載されています。これを基に国道交通省のサイト「土地総合情報システム」から、該当する地価公示標準地の公示価格や地価調査基準地の基準地価を調べることができます。

さらに、地価公示については、その標準地評価を担当した2名の不動産鑑定士が作成した鑑定評価書も開示されています。対象地周辺の地価動向や地価公示価格の決定プロセスをもっと知りたい人は一度見てみることをおすすめします。

一般に路線価は公示価格等の80％程度といわれていますが、乖離が大きい場合には財産評価基本通達6項の適用を検討する材料を与えてくれることがあります。

路線価図（鉄塔の記載）

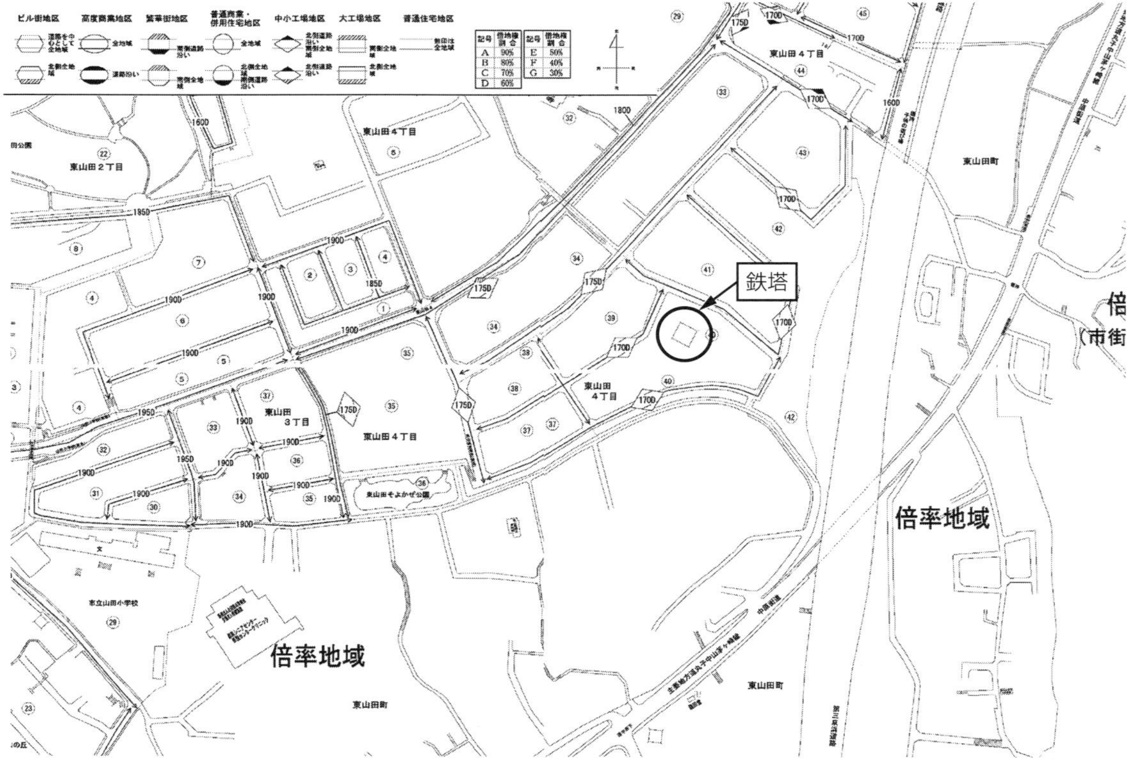
ビル街地区
高度商業地区
繁華街地区
普通商業・併用住宅地区
中小工場地区
大工場地区
普通住宅地区
記号 借地権割合
A 90%
B 80%
C 70%
D 60%
E 50%
F 40%
G 30%
鉄塔
東山田４丁目
東山田２丁目
東山田３丁目
東山田町
東山田そよかぜ公園
市立山田小学校
倍率地域
1900
1850
1750
1700
1600
1800
1950

路線価図（地価公示標準地など）

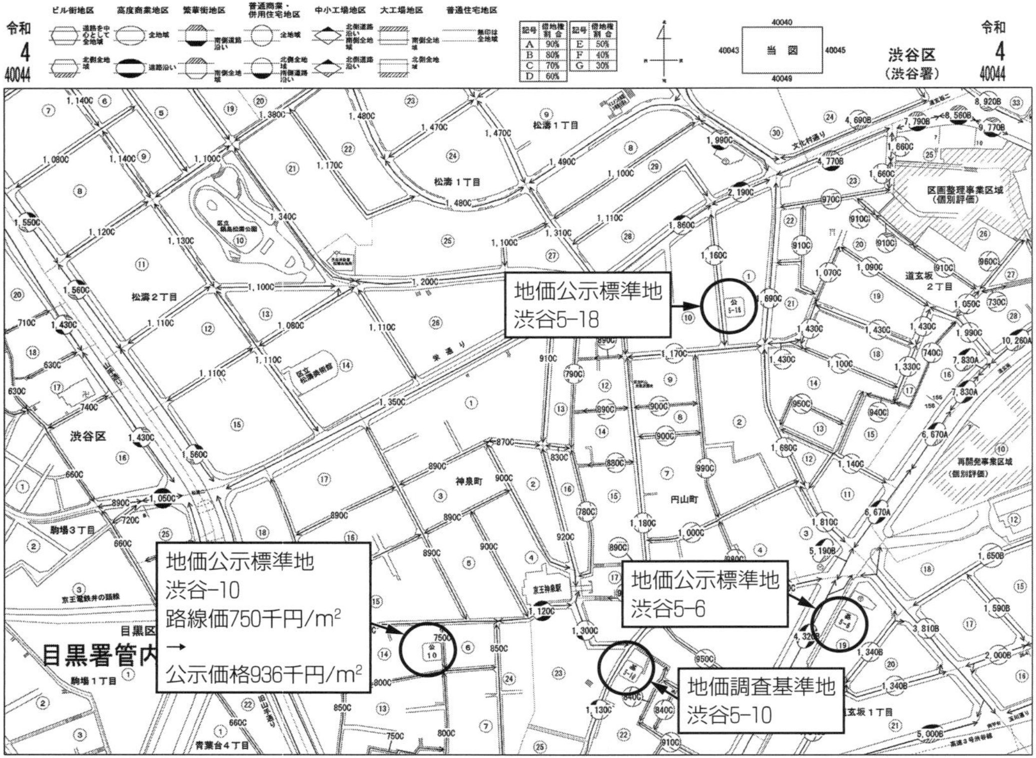

地価公示価格の情報

詳細情報

標準地番号	渋谷-10
所在及び地番	東京都渋谷区神泉町５番１１
住居表示	神泉町１４－２
調査基準日	令和4年1月1日
価格(円/m²)	936,000(円/m²)
地積(m²)	181(m²)
形状（間口：奥行き）	不整形 (1.0:1.5)
利用区分、構造	建物などの敷地、W（木造） 2F
利用現況	住宅
周辺の土地の利用現況	住宅、アパート、マンションが混在する住宅地域
前面道路の状況	東　　2.0m　　区道
その他の接面道路	
給排水等状況	ガス　・　水道　・　下水
交通施設、距離	神泉、 120m
用途区分、高度地区、防火・準防火	第一種住居地域、 準防火地域
森林法、公園法、自然環境等	
建ぺい率(%),容積率(%)	60(%) 300(%)
都市計画区域区分	市街化区域

（国土交通省「基準地・標準地検索システム）

地価公示標準地の不動産鑑定評価書

標準地番号	都道府県	所属分科会名	住所		
	東京都	区部第3	氏名	不動産鑑定士	TEL.

鑑定評価額	168,000,000 円	1㎡当たりの価格	930,000 円／㎡

1　基本的事項

(1) 価格時点	令和4年1月1日	(4) 鑑定評価日	令和4年1月9日	(6) 路線価	［令和3年1月］路線価又は倍率	740,000 円／㎡ 倍
(2) 実地調査日	令和3年12月1日	(5) 価格の種類	正常価格		倍率種別	
(3) 鑑定評価の条件	更地としての鑑定評価					

2　鑑定評価額の決定の理由の要旨

(1) 標準地	①所在及び地番並びに「住居表示」等	渋谷区神泉町５番１１ 「神泉町１４－２」			②地積（㎡）	181 （　　）	⑨法令上の規制等
	③形状	④敷地の利用の現況	⑤周辺の土地の利用の状況	⑥接面道路の状況	⑦供給処理施設状況	⑧主要な交通施設との接近の状況	1住居 (60, 300) 準防 （その他） 高度3種最高30m (70, 160)
	不整形 1:1.5	住宅 W2	住宅、アパート、マンションが混在する住宅地域	東2m区道	水道、ガス、下水	神泉 120m	

(2) 近隣地域	①範囲	東　50 m、西　60 m、南　50 m、北　30 m		②標準的使用	低層住宅地
	③標準的画地の形状等	間口　約　10.0 m、奥行　約　15.0 m、規模　150 ㎡程度、形状　長方形			
	④地域的特性	特記事項：特記すべき事項はない。	街路：基準方位北２ｍ区道	交通施設：神泉駅南西方 120m	法令規制：1住居 (70, 160) 準防 高度3種最高30m
	⑤地域要因の将来予測	低利用地の有効利用の進展に伴い、住宅地域としてさらに熟成すると予測する。			

(3) 最有効使用の判定	低層住宅地		(4) 対象標準地の個別的要因	方位 +2.0
(5) 鑑定評価の手法の適用	取引事例比較法	比準価格　975,000 円／㎡		
	収益還元法	収益価格　561,000 円／㎡		
	原価法	積算価格　／　円／㎡		
	開発法	開発法による価格　／　円／㎡		
(6) 市場の特性	近隣地域は渋谷駅から徒歩圏にある利便性の高い住宅地域で、同一需給圏は渋谷区とその周辺区内の類似の住宅地の存する圏域である。典型的な買手として、自ら居住する目的の高所得層などが想定される。常に一定の需要があり、地価は安定している。需要の中心となる価格帯は１００から２００百万円くらい（別途建物価格）である。			
(7) 試算価格の調整・検証及び鑑定評価額の決定の理由	本件では、十分な資料に基づいて適切に試算価格を求めることができた。ただし、自ら居住する目的の買手は、取引意思決定に際して収益性より代替不動産との価格バランスを重視する傾向がある。そこで、比準価格を重視し、収益価格を参酌し、さらに代表標準地との検討を踏まえて、鑑定評価額を上記のとおり決定した。			

(8) 前年公示価格等からの検討	①■代表標準地　□標準地 前年標準地番号 ［　渋谷 -2　］	②時点修正	③標準化補正	④地域要因の比較	⑤個別的要因の比較	⑥対象標準地の規準価格（円／㎡）	⑦内訳	標準化補正 街路　0.0 交通・接近　0.0 環境　0.0 画地　+1.0
	［前年代表標準地等の価格］ 1,260,000 円／㎡	[102.4]／100	100／[101.0]	100／[139.8]	[102.0]／100	932,000		
	⑧-1対象標準地の検討 ■継続　□新規 前年標準地の価格 923,000 円／㎡ ⑧-2標準地が共通地点（指定基準地等と同一地点）である場合の検討 □指定基準地　□基準地 指定基準地等番号 ［　］ 前年指定基準地等の価格（半年前） 円／㎡	⑩価格形成要因の変動状況	［一般的要因］コロナ禍の影響が薄らいだ上、需要が堅調なため、渋谷区の住宅地価は緩やかに上昇している。 ［地域要因］都心へのアクセスのよい住宅地域としての地位を保持している。格別の変動要因はない。 ［個別的要因］個別的要因に変動はない。代替不動産との競争力は普通である。					行政　0.0 その他　0.0 地域要因の比較 街路　+7.5 交通・接近　0.0 環境　+30.0 行政　0.0 その他　0.0
	⑨変動率　年間 +0.8 %　半年間（指定基準地等）　%							

(国土交通省「基準地・標準地検索システム」)

2 さらに取得・確認しておくと便利な資料等

上記**1**に加え、税理士において確認しておいた方が望ましい事項は以下のとおりです。

1 全国地価マップ

全国地価マップは、固定資産税路線価や近傍宅地価格を網羅したサイトです。

固定資産税路線価は、相続税路線価と違い、行き止まりの道路でも路線価が記載されていることが多く、特定路線価を設定した場合の相続税評価額を推測できます。

また、近傍宅地価格は、固定資産税路線価が付されていない地域における標準宅地価格です。

一般に、固定資産税路線価は地価公示価格及び基準地価格の70％程度といわれています（後述の〈**参考**〉を参照）ので、対象地が接面する道路に相続路線価が設定されていなくても、固定資産税路線価が設定されているのであれば、次の要領で特定路線価の見込み価額を推測することができます（他の方法もあります。**事例コラム⑬**を参照）。

・対象地が接面する道路（行き止まり道路）の固定資産税路線価：18.4万円
・上記道路の特定路線価見込み額：18.4万円×80％÷70％≒21.0万円

なお、相続税路線価・固定資産税路線価・地価公示価格等の価格水準のバランスが崩れている場合には、実際の特定路線価との乖離は大きくなる可能性がありますので注意してください。

そのほか、固定資産税路線価や近傍宅地価格は、①倍率地域に所在する私道の評価(注1)、②倍率地域に所在する雑種地の評価（宅地比準方式）(注2)、③倍率地域に所在する市街地農地や市街地周辺農地の評価(注3)を行う場合の近傍比準宅地 1m^2 当たりの価格の基礎資料として使います。

近傍比準宅地の 1m^2 当たりの価格は、対象地が接面する道路の固定資産税路線価又は近傍宅地価格を基に時点修正を行って計算していくからです。

(注 1)：特定の複数の者の通行の用に供されている場合

近傍比準宅地の 1m^2 当たりの価格×画地補正率×30 %×地積

(注 2)

（近傍比準宅地の 1m^2 当たりの価格×画地補正率×法令上の規制による斟酌 − 1m^2 当たり造成費）×地積

(注 3)

（近傍比準宅地の 1m^2 当たりの価格×画地補正率×法令上の規制による斟酌 − 1m^2 当たりの造成費）×100 %又は 80 %×地積

〈参考〉総務省統計局ホームページ（統計データ FAQ）

17C-Q06　路線価

路線価には、国税局が公表する路線価と市町村が公表する固定資産税路線価があり、路線価は全国の国税局や税務署で、固定資産税路線価は市町村の固定資産税課で閲覧できます。

路線価は、路線に面した標準的な宅地の 1m^2 当たりの評価額で、相続税、贈与税の税額を算定する際の基準となるものです。これは、毎年 1 月 1 日を評価時点として、国土交通省土地鑑定委員会が公示する地価公示価格の 8 割程度に評価されています。

固定資産税路線価は、市町村長が固定資産税を課税するに当たり、宅地を評価するための道路に面した標準的な宅地の 1m^2 当たりの価格で、国土交通省土地鑑定委員会が公示する地価公示価格等の 7 割を目途に付設されています。この路線価を基にそれぞれの宅地の状況（奥行、間口、形状など）に応じて各宅地の評価額を求めています。

17C-Q02　地価公示価格

国土交通省土地鑑定委員会が毎年刊行している「地価公示（国土交通省)」により、標準地について用途別（住宅、商業地、工業地等）の地価公示価格を調べることができます。

地価公示価格とは、選定した標準地に対し、国土交通省土地鑑定委員会が、毎年１回、基準日の１月１日時点における正常な価格（土地について、自由な取引が行われるとした場合におけるその取引において通常成立すると認められる価格をいいます）を判定するもので、一般の土地取引に指標を提供するとともに、公共事業用地の取得価格の算定規準とされています。

17C-Q03　基準地価格（都道府県地価調査価格）

国土交通省が毎年取りまとめ公表している「都道府県地価調査（国土交通省)」により、基準地価格（都道府県地価調査価格）を調べることができます。

「都道府県地価調査」とは、都道府県知事が毎年１回、各都道府県の基準地について不動産鑑定士等の鑑定評価を求め、これを審査、調整し、基準日の７月１日時点における基準地の正常価格を公表しているもので、地価公示価格と同様に一般の土地取引の指標として活用されています。

【地価公示価格及び基準地価格と国税路線価、固定資産税路線価との関係（イメージ)】

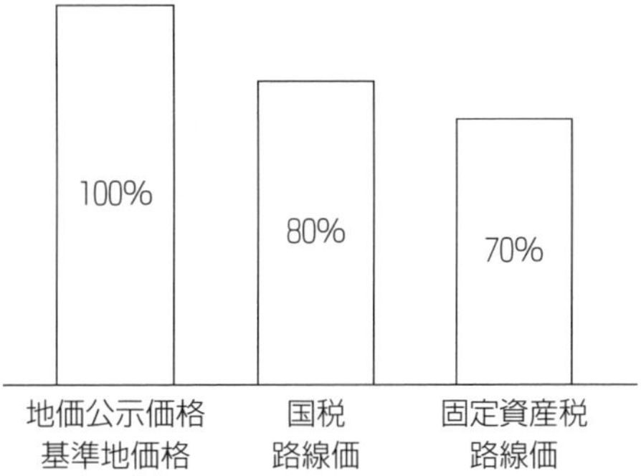

全国地価マップ

市立府中第二中学校
紅葉丘１丁目
対象地
202000
192000
203000
184000
224000
219000
158000
白糸台北公園
白糸台１丁目
市立
白糸台体育館
白糸台北公園
186000
199000
141000
106000
190000

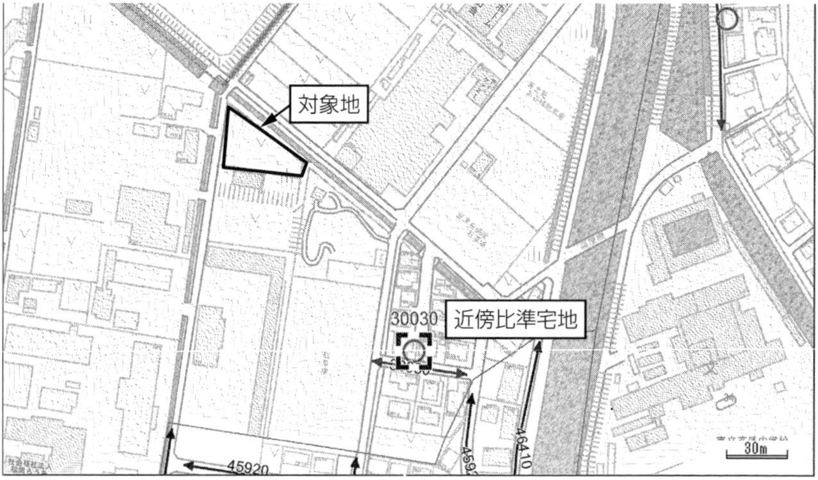
対象地
30030
近傍比準宅地
45920
46410
30m

事例コラム⑫　相続税・贈与税の土地評価で揃えておくべき備品

　税理士事務所が相続税・贈与税の土地評価を行う場合に揃えておくべき備品について紹介します。

〈三角スケール〉

　三角柱の3つの面をさらに2分割し、合計6種類の縮尺の異なる目盛りが刻まれている定規です。採用する図面の縮尺に応じて使用する側面を選び、図面に描かれた筆界の長さと実測（概測）した筆界の長さの突合や、描かれた図面の寸法の読み取り等ができます。

〈メジャー〉

　アナログタイプのものとレーザータイプのものがあります。

　中でも先端部分にメーターと連動している車輪がついていて、道に沿って転がすことで簡単に距離が測れるウォーキングメジャーは便利です。

〈デジタルカメラ〉

　主に対象地の現況を記録するときに使います。

　現地調査においては、1つ1つの事項を確認しながら、図面や物件確認一覧表に書き込んでいく（チェックしていく）とは思いますが、確認すべき事項が非常に多いこと等から、後で見直してみると何を書いている（チェックしている）のか分からなくなり、もう一度現地に見に行くということがあります。「百聞は一見にしかず」というように、写真に納めておけば、後できっちり確認できます。筆者が資格者になったばかりの頃と違って、今はデジタルカメラの時代、非常に多くの枚数を撮影できますし、動画も手軽に撮れます。

　首にぶらぶらかけるのが面倒くさいという人は、フォト機能が優れたスマートフォンでもよいかと思います。

また、役所調査においても、図表のコピーはできないけれども写真撮影は可能なところもあるので、持っていくとよいと思います。

〈作業服・運動靴〉

土地は千差万別、全く同じ土地は１つもありません。その上、崖があったり、傾斜があったり、建物等があって確認しづらいところがあったり、前日の雨でぬかるんでいるところがあったりします。税理士らしくスーツ・革靴等で確認することが悪いとはいいませんが、障害物等で破けてしまったりすることはよくあります。筆者も新調したスーツが出っ張った樹木の枝でぱっくりと裂けた、新品の革靴の表面に大きな傷がついたことが何度もあります。

作業服等は現地調査の正装です。きちんと準備された服装で行くと、クライアントとしてもしっかり現地調査をしてくれると考えるようで、立会も丁寧にしてくれることが多いと思います。

傾斜がきつく足場が悪い土地の現地調査なのに革靴やパンプスで来て、「汚れちゃう」なんていって中に入るのを躊躇するのはもってのほかですし、立会いをしてくれているクライアントに対しても非常に失礼です。

また、筆者の経験に過ぎませんが、作業着を着ていると役所調査においても窓口の担当者が「専門の人」と思うようで、丁寧な窓口対応になることがあります。

〈CAD ソフト〉

CAD は、コンピュータによる設計支援ツールのことです。建築士等が建物の設計を行う際に使うことを思い浮かべる人が多いと思います。非常に多くの機能があり、税理士が使いこなすのはよっぽどの努力をしない限り難しいと思いますが、その一部の機能だけで土地の相続税評価に必要な机上概測、想定整形地の描写、セットバックを要する部分の描写・概測等ができます。

近年は、税務ソフトメーカーからも想定整形地等の描写等が簡単にできるソフトが有料で販売されていますが、筆者の印象では、CAD ソフトの方ができることが多いと思われます。また、CAD ソフトの中には無料のものもありますので、導入コストも低く抑えられます。

事例コラム⑬　固定資産税路線価のチェックを怠ったため、特定路線価の推測ができなかったケース

A 税理士法人の社員税理士である B 税理士は、S 市に多くの宅地を有する被相続人 C の相続人 E から相続税申告の依頼を受けました。

その中に、県道○○号線から東側に延びる行き止まり道路だけに接面する宅地がありました。C はその宅地のほか、行き止まり道路の持ち分も有しています。

路線価図には、県道○○号線には 20 万円/m^2・普通商業・併用住宅地区と記載されていますが、接面する行き止まり道路には路線価は付されていません。

路線価が付されていない道路にのみ接している宅地については、①その道路に接続する路線の路線価を基に画地調整を行って評価する方法、②納税義務者からの申出等に基づいてその道路を路線とみなして設定される特定路線価を基に画地調整を行って評価する方法があります。

上記①及び②の方法のうち、どちらの方法による評価額が低くなるか（納税者にとって有利になるか）は一概にいえませんが、B 税理士の経験では路地状部分（路線価が設定されていない道路）を含めて評価する①の方法の方が、②の方法よりも低くなることが多かったこともあり、①の方法のみにより評価を行いました（評価額の単価は 14 万円/m^2）。その評価額に基づいて相続税申告書案を作成し、その検算を同じ税理士法人の代表社員である D 税理士に依頼しました。

数時間後、D 税理士の検算が終わり、B 税理士に上記土地の評価について次のような再検討の指示がありました。

「対象地周辺の県道○○号線背後の住宅地域で設定されている路線価を見ると 8 万円/m² と低いことから、仮で構わないので対象地が接している行き止まり道路に付されている固定資産税路線価から特定路線価を推定し、②に準じた方法による評価も検討してください。」

B 税理士は、指示に従い、全国地価マップで対象地に接している行き止まり道路の固定資産税路線価を確認すると 6 万 5 千円、D 税理士が指摘している県道○○号線背後の住宅地域で設定されている路線の固定資産税路線価を確認すると 7 万 3 千円と記載されていました。この結果に基づき、B 税理士は特定路線価を次のとおり推定しました。

（イ） 6 万 5 千円/m²×80 %÷70 %≒7 万 4 千円

（ロ） 8 万円/m²×6 万 5 千円/m²÷7 万 3 千円/m²≒7 万 1 千円

上記 7 万 1 千円～7 万 4 千円/m² に基づき、仮の特定路線価を 7 万 3 千円/m² と推定し、画地調整を行ったところ、評価額の単価は 7 万円/m² となりました。この評価額だと、行き止まり道路の評価額を加算しても、当初 B 税理士が採用していた①の方法による評価額によった方が評価額はかなり低くなります。

そこで、B 税理士は E に対し、対象地の評価については上記①及び②の 2 つの方法があること、仮の計算ではあるが、②の方法による評価額の方が①の方法による評価額よりも納税者にとって有利であると見込まれること、正式に特定路線価が設定された場合には、もし、B 税理士の査定した仮の特定路線価よりも高い評価額が出てしまったとしても、上記①の方法による評価に戻ることはできないこと等を説明し、E の了解を得た上で、特定路線価設定申出書を評価担当税務署長に提出しました。

約 1 か月後、B 税理士の元に評価担当税務署長から特定路線価回答書が送られてきました。そこには特定路線価：7 万円/m² と記載されていました。B 税理士は、上記特定路線価に基づき対象地の評価をし直し、相続税申告書を提出しました。

路線価に設定されていない道路のみに接している宅地を評価する必要がある場合には、当該道路を路線とみなして当該宅地を評価するための路線価（以下「特定路線価」といいます）を納税者からの申出等に基づき設定することができるとされています（評基通 14-3）。ここでいう「必要がある場合」について具体的な解釈が難しいこと、かげ地割合が大きくなるとの理由から、上記①の方法だけで評価してしまい、結果として高い相続税評価をしてしまうことがあるようです。

特定路線価は、その特定路線価を設定しようとする道路に接続する路線及び当該道路の付近に設定される路線価を基に、当該道路の状況、財産評価基本通達通達 14-2 に定める地区の別等を考慮して税務署長が評定します（評基通 14-3）が、その特定路線価を設定しようとする道路に固定資産税路線価が設定されている場合には、その固定資産税路線価と接続する路線に設定されている固定資産税路線価との格差、路線価と固定資産税評価及び時価とのバランスを考慮して、特定路線価を推定することができます。

あくまで概算であり、実際の特定路線価と乖離する可能性や特定路線価が決定された場合には、上記①の方法に後戻りできないことを十分に理解した上で使う必要がありますが、相続税の申告書を提出した後でセカンドオピニオン等により指摘されないようにするためにも活用した方がよいと考えます。

【路線価図】

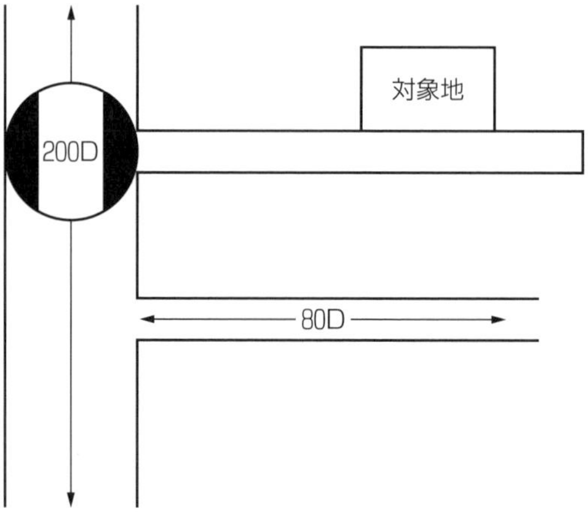

【固定資産税路線価】

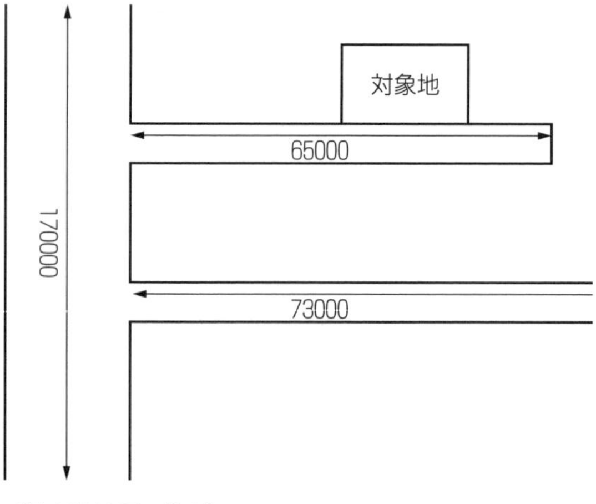

〈特定路線価の推定〉

65,000円/m^2×80%÷70%≒74,000円/m^2
80,000円/m^2×65,000円/m^2÷73,000円/m^2≒71,000円/m^2
71,000円/m^2～74,000円/m^2

第5章

役所で収集する資料

1 基本的な資料

役所で収集する資料（情報）として基本的なものは以下のとおりです。

役所では、対象地に建物を建てる場合に守らなければならない規制（公法上の規制）を確認します。この規制の内容によって、対象地の利用方法の相当部分が決まってきますし、相続税評価においても規制に応じた評価方法を定めていますので、省略することはできません。

① 都市計画情報
② 道路情報

1 都市計画情報

ここでいう都市計画情報とは、都市計画法等に定められた規制に関する情報のことです。具体的には、役所の都市計画を担当する係の窓口に備え付けられている都市計画図で確認できます。窓口では、市街化区域・市街化調整区域の別、用途地域、建ぺい率・容積率、都市計画道路の拡幅予定地の有無等を確認します。

用途地域とは、計画的に市街地を形成するために、用途に応じて13地域に分けられたゾーンのことをいい、あわせて建ぺい率・容積率等も定められています。建ぺい率とは、敷地面積に対する建物建築面積の割合をいい、容積率とは建物の延床面積の敷地面積に対する割合をいいますので、このゾーニングによって対象地の上に建てることができる建物等の種類や大きさなどが制限されることになります。

これらの情報は、地積規模の大きな宅地の評価（評基通20-2）、容積率の異なる2以上の地域わたる宅地の評価（評基通20-7）、都市計画道路予定地の区域内にある宅地の評価（評基通24-7）で使います。

また、都市計画道路とは、都市計画によって、周辺地域の交通・通行の中心となるべく計画された道路です。具体的には、「都市計画の決定→事業開始→道路予定地の確保（買収）→道路工事→道路完成」の流れで最終的には都市計画で定められた幅員が確保された道路として整備されます。全く道路がないところに計画がなされることもありますが、最もよく目にするのは既存の道路の幅員を拡幅して整備していくケースで、対象地の道路側の一部分がその拡幅予定地に含まれていることがあります。

都市計画道路に指定されていても、既に拡幅工事が終わっている場合には相続税評価において考慮する要因はないのですが、拡幅予定にとどまっている場合には、建築物の建築について大きな制限が加えられています（都市計画法53条）ので、相続税評価においても一定の減価がなされます（評価通24-7）。

都市計画道路の位置の概略は、都市計画図で確認できますが、詳細は別の図面などで個別に確認しなければならないことが多いです。役所によっては、ある程度詳細な図面を準備していくと都市計画線の概ねの位置を図面に明示してくれるので活用しましょう。

これらにより、都市計画道路予定地の対象地における位置、都市計画の段階（決定段階なのか、事業中なのか、工事完了なのか等）、拡幅予定地における建築制限の内容について確認しなければなりません。

都市計画図

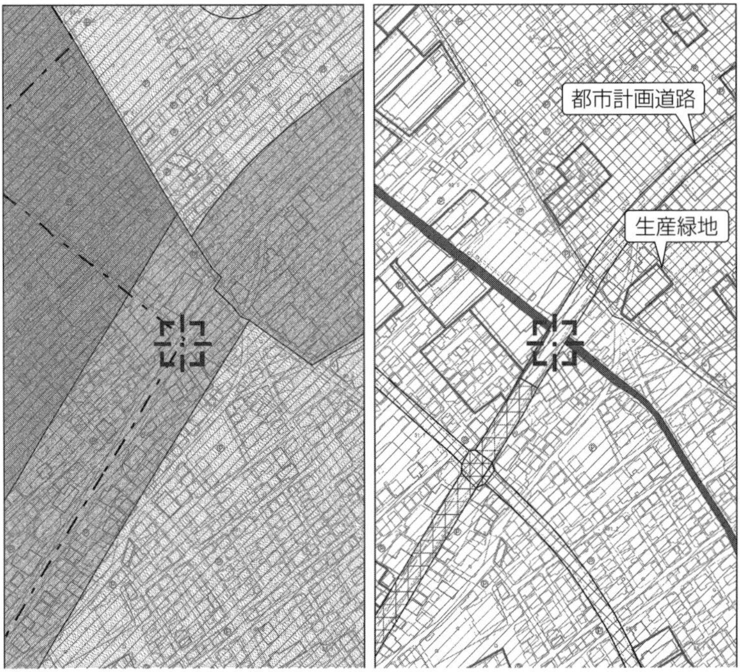

（※）この例では、左側に用途地域（建ぺい率、容積率）の区分が記載され、右側に用途地域の区分を除く情報（都市計画道路、生産緑地等）が記載されています。

2　道路情報

ここでいう道路情報とは、対象地が接面している道路に関する情報のことです。具体的には、当該道路の道路台帳上の幅員、当該道路と対象地との境界査定実施の有無、当該道路の建築基準法種別、当該道路の要セットバック部分等を確認します。

道路台帳上の幅員は、対象地が接面する道路が国道・県道・市区町村道である場合に、役所の道路管理課等に備付の道路台帳平面図等で確認します。しかし、役所によっては道路台帳平面図がなく、対象地が接面する部分をピンポイントで確認できない場合がありますので注意が必要です。

当該道路と対象地との境界査定の有無も、対象地が接面する道路が国道・県道・市区町村道である場合に確認するもので、役所の道路管理課等で確認できます。境界査定が実施されている場合には、道路境界図等が備え付けられていて当該道路の敷地のうち行政が所有している土地と対象地との境界を確認することができます。一般的な感覚でいうと、上記道路台帳上の幅員と道路境界図等の幅員は一致するように思われるのですが、一致しないところが相当あるというのが筆者の印象です。例えば、道路台帳の幅員は4.0mなのに道路境界図等の幅員は3.6mということが結構あるのです。

この場合、道路境界図等の幅員を超える両脇の幅0.2mは民有地ということになり、対象地の一部は道路となっている可能性が高いと思われます。あわせて、建築基準法上の道路幅員は道路台帳幅員を採用するのか、道路境界図等幅員を採用するのか建築指導課に確認の上、対象地の要セットバック部分の査定等に備える必要があります。

道路台帳平面図・道路境界図等も、備付があれば有償でコピーを取得できることが多いので取得しておきましょう。

対象地が都市計画区域又は準都市計画区域に所在する場合、建築基準法に規定する道路に2m以上接面していなければ、建物を建てることはできません（建築基準法43条）ので、接面道路が建築基準法に規定する道路なのか、建築基準法に規定する道路である場合、同法42条におけるどの種別の道路なのか（これを「建築基準法種別」といいます）を確認する必要があります。もし建築基準法に規定する道路に接面していない場合は、原則として建物を建てることはできない宅地（無道路地）となります。

建築基準法種別は、役所の建築指導課等に備え付けられている道路種別図等で確認します。

多くの場合は、建築基準法42条1項1号に規定する道路に接していることが多いと思われますが、人口密度の高い既成市街地に所在する場合には同法42条2項に該当する場合もよくみられます。この場合、セットバックを要するか否か、要する場合には要セットバック部分の査定を行う必要がありますが、後述する建築計画概要書の写しを取得しておくと、査定の参考資料になりますので取得しておきましょう。

また、対象地が接面している道路が行き止まり道路で、路線価が設定されていない場合、当該道路が同法42条1項5号に規定する道路であることが多いと思います。このときは、当該道路や接面する宅地の状況が詳しく記載された位置指定図（指定道路調書と呼ぶ役所もあります）が建築指導課等に備え付けられているので、取得しておきましょう。このような宅地の場合、特定路線価で評価するのか、当該道路を路地状部分と見立てて評価するのか検討する必要があると思われますが、後者の評価をする場合に大いに役立ちます。

道路台帳平面図の例

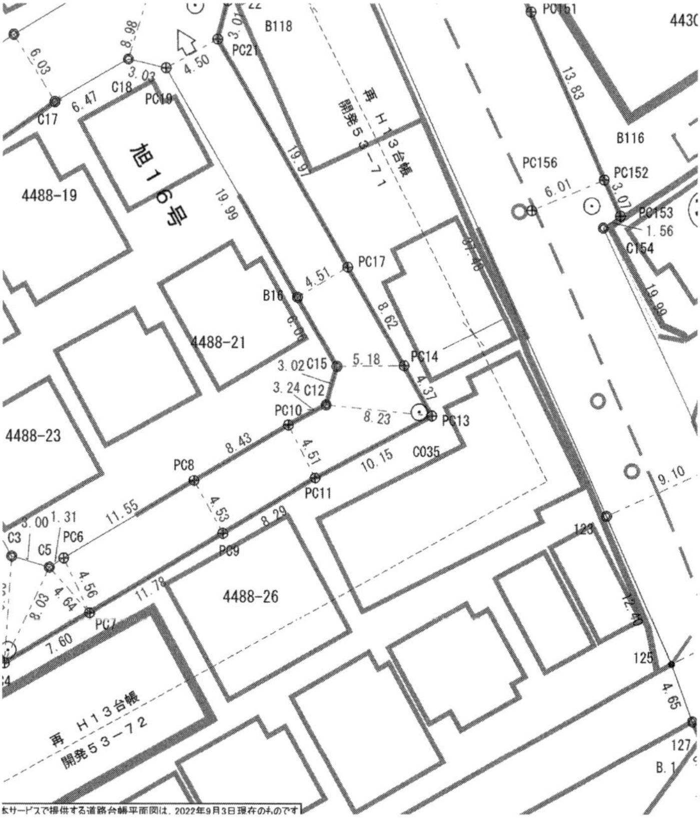
B118
PC21
4.50
8.98
6.03
C17
6.47
C18
PC19
3.03
旭１６号
4488-19
19.99
19.97
再　Ｈ１３台帳
開発５３－７１
PC151
13.83
B116
PC156
PC152
6.01
3.07
PC153
1.56
C154
PC17
4.51
B16
8.62
4488-21
3.02
C15
5.18
PC14
4.37
3.24
C12
PC10
8.23
PC13
4488-23
8.43
PC8
10.15
C035
PC11
9.10
11.55
3.00
1.31
C3
PC6
C5
4.53
PC9
8.29
123
4.56
4.64
8.03
11.78
4488-26
PC7
7.60
12.40
125
4.65
127
再　Ｈ１３台帳
開発５３－７２
本サービスで提供する道路台帳平面図は、2022年9月3日現在のものです

建築基準法道路種別図の例

道路位置指定図の例

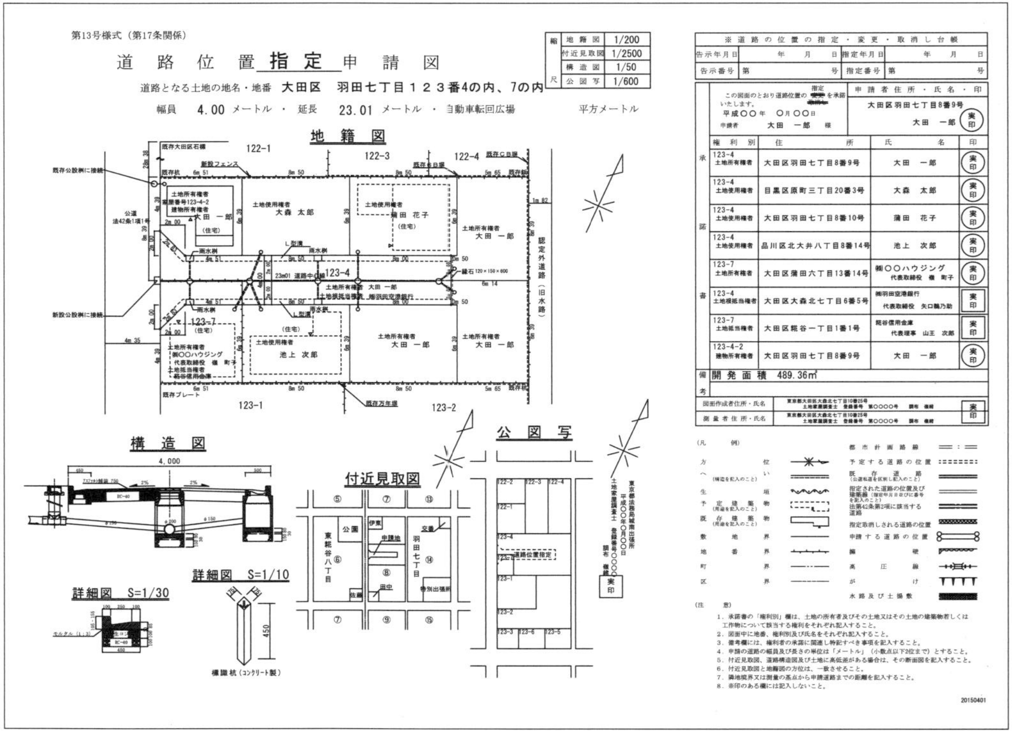

第13号様式（第17条関係）

道　路　位　置　指　定　申　請　図

縮尺		
	地籍図	1/200
	付近見取図	1/2500
	構造図	1/50
	公図写	1/600

道路となる土地の地名・地番　大田区　羽田七丁目１２３番4の内、7の内

幅員　4.00 メートル・延長　23.01 メートル・自動車転回広場　平方メートル

※道路の位置の指定・変更・取消し台帳			
告示年月日	年　月　日	指定年月日	年　月　日
告示番号	第　号	指定番号	第　号

この図面のとおり道路位置の指定を承諾いたします。平成○○年　○月○○日　申請者　大田　一郎　様		申請者住所・氏名・印	大田区羽田七丁目8番9号　大田　一郎　実印

承諾書 権利別	住所	氏名	印
123-4 土地所有権者	大田区羽田七丁目8番9号	大田　一郎	実印
123-4 土地使用権者	目黒区原町三丁目20番3号	大森　太郎	実印
123-4 土地使用権者	大田区羽田七丁目8番10号	蒲田　花子	実印
123-4 土地使用権者	品川区北大井八丁目8番14号	池上　次郎	実印
123-7 土地所有権者	大田区蒲田六丁目13番14号	㈱○○ハウジング　代表取締役　槙　町子	実印
123-4 土地根抵当権者	大田区大森北七丁目6番5号	㈱羽田空港銀行　代表取締役　矢口鶴乃助	実印
123-7 土地抵当権者	大田区糀谷一丁目1番1号	糀谷信用金庫　代表理事　山王　次郎	実印
123-4-2 建物所有権者	大田区羽田七丁目8番9号	大田　一郎	実印
備考	開発面積　489.36㎡		

図面作成者住所・氏名	東京都大田区大森北七丁目10番25号　土地家屋調査士　登録番号　第○○○○号　調布　領純	実印
測量者住所・氏名	東京都大田区大森北七丁目10番25号　土地家屋調査士　登録番号　第○○○○号　調布　領純	

（凡例）

方位	都市計画路線	
へい（構造を記入のこと）	予定する道路の位置	
生垣	既存道路（公道私道を区別し記入のこと）	
予定建築物（用途を記入のこと）	指定された道路の位置及び建築線（指定年月日並びに番号を記入のこと）	
既存建築物（用途を記入のこと）	法第42条第2項に該当する道路	
敷地界	指定取消しされる道路の位置	
地番界	申請する道路の位置	
町界	擁壁	
区界	高圧線	
	がけ	
	水路及び土揚敷	

（注意）

1．承諾書の「権利別」欄は、土地の所有者及びその土地又はその土地の建築物若しくは工作物について該当する権利をそれぞれ記入すること。
2．図面中に地番、権利別及び氏名をそれぞれ記入すること。
3．備考欄には、権利者の承諾に関連し特記すべき事項を記入すること。
4．申請の道路の幅員及び長さの単位は「メートル」（小数点以下2位まで）とすること。
5．付近見取図、道路構造図及び土地に高低差がある場合は、その断面図を記入すること。
6．付近見取図と地籍図の方位は、一致させること。
7．隣地境界又は測量の基点から申請道路までの距離を記入すること。
8．※印のある欄には記入しないこと。

20150401

（大田区ホームページ）

2 さらに取得・確認しておくと便利な資料等

上記１に加え、役所で確認しておいた方が望ましい事項は以下のとおりです。

1　名寄帳

名寄帳とは、課税の対象となっている固定資産（土地・家屋）を所有者ごとに一覧表にまとめたものです。

土地・家屋の所在地、課税標準額、評価額、課税額等が記載され、基本的には第２章**1** **1** で説明した固定資産税課税明細書と同じ内容のものですが、役所によっては、私道などのような非課税資産を固定資産税課税明細書に記載しないところもあるので、念のため取得しておいてもよいと思われます。

名寄帳

○○区　　令和 3年度　土地・家屋名寄帳記載事項証明書

令和　年　月　日　発行
第　　　号

	所在地番	登記簿地目 現況地目	住宅用地の率 戸数	地積（㎡） 価格（円）	固定資産税課税標準額(円) 都市計画税課税標準額(円)	非特減情報 コード	非特減情報 対象地積(㎡)	固定資産税相当額(円) 都市計画税相当額(円)	備考
土地	○○123-4	宅地 宅地	0.00 0	120.00 35,000,000	35,000,000 35,000,000	6	120.00	490,000 105,000	

	所在地番	家屋番号 調査番号	構造 種類	屋根 階層数	床面積（㎡）	建築年月	価格（円） 課税標準額（円）	非特減情報 コード	非特減情報 対象床面積(㎡)	固定資産税相当額(円) 都市計画税相当額(円)	備考
家屋					1階 1階以外 計		価格 固定 都計				
					1階 1階以外 計		価格 固定 都計				
					1階 1階以外 計		価格 固定 都計				
					1階 1階以外 計		価格 固定 都計				
					1階 1階以外 計		価格 固定 都計				

合計	土地	家屋
地積または床面積	120.00 ㎡	0.00 ㎡
価格	0円	0円
固定課標	0円	0円
都計課標	0円	0円

者減免情報
者減免コード

差引税額	年税額	第1期	第2期	第3期	第4期	随時期
	595,000円	151,000円	148,000円	148,000円	148,000円	0円

	固定資産税	都市計画税
合算課標	円	円
課標×税率	円	円
区分所有税額	円	円
新築減額税額	円	円
猶予軽減税額	円	円
物減免税額1	円	円
物減免税額2	円	円
課税免除税額	円	円
合算後税額	円	円
者減免税額	円	円
確定税額	円	円

納税義務者			
識別番号		住所	○○市○○区○○○1234
名寄番号		氏名	甲野　太郎
徴収番号		住所	
		氏名	
登記名義人		氏名	
識別番号			

1/1

本書のとおり相違ないことを証明します。

令和　年　月　日

○○市長　○○

2　家屋課税台帳・家屋補充台帳

家屋課税台帳は、家屋の所有者の住所、氏名又は名称、所在、地番、床面積、用途、価格などを登録した帳簿で、家屋補充台帳とは、登記簿に登記されていない家屋で固定資産税を課することができるものについて家屋課税台帳と同様の事項を登録した帳簿のことといい、役所の固定資産税課に備え付けられています。

これにより、建物の増減築、登記建物が既に滅失している事実、未登記建物の詳細等を確認することができる場合があります（**事例コラム⑩** 参照）。

また、貸家建付地としての評価の適否、小規模宅地の特例の適用の適否に影響を及ぼすことがありますので、建物の登記事項と固定資産税課税明細書の記載事項が大きく異なる場合には確認しておくことをおすすめします。

3　建築計画概要書・検査済証

建築計画概要書とは、建築工事に先立ち、その計画が建築基準法等への適合していることを確認する手続き（確認申請）の際に提出する書類で、役所の建築指導課等の窓口で取得することができます（建築年が古い場合には、保存年限等の関係で取得できない場合があります)。

ここには、建築主・設計者・工事施工者等の住所・名前のほか、敷地の場所、建築物の規模・構造・用途・配置図等の建築計画の概要が記載されています。設計図書のように、平面図・立面図・断面図などの詳しい内容は記載されていませんが、建築計画当時の公法上の規制・接面道路の幅員及び建築基準法上の種別等が記載されていることがありますので、対象地上の建物の建築計画概要書があれば、対象地に関して建築計画当時の公法上の規制や接面道路の概略が分かります。また、これがない場合でも隣接地上の建物の建築計画概要書があれば、配置図等により対象地における公法上の規制や接面道路の概略を推測することができます。

また、対象地が建築基準法 42 条 2 項の道路（以下「2 項道路」といいます）

に接面しているが、セットバックしなければならない部分がどれくらいなのか分からない場合には、隣接地の建築計画概要書に記載の配置図により道路中心線や道路後退線を類推することもできます。

建築計画概要書はあくまで建築計画の概要に過ぎませんが、建物の竣工後に完了検査を受けている場合には、検査済証が発行されているので、建築計画概要書の取得とともに、検査済証発行事績についてもあわせて建築指導課等で確認しておくべきです。検査済証が発行されていれば、建物が建築確認の内容のとおりに建築されその結果を行政等が確認したことが分かりますので、同概要書の記載内容の信頼性が一段上がるとみることができます。ただし、あくまでも建物竣工時の内容ですので、相続開始時点の内容については現地調査等により確認しなければならないことに留意してください。

また、役所によっては保存年限が短く古い建物については閲覧などができないことがありますので、事前に役所にいつからの分が確認できるのか事前に確認しておくのもよいでしょう。

建築計画概要書・検査済証

計画変更
（表面）

※受付欄	都	区役所・建築指導事務所 支庁・指定確認検査機関	※ 確認済証・番号	台帳番号
			平成 ○ 年 ○ 月 ○ 日	
			（確認） 第 ○○○ 号 （計画通知）	号

建築計画概要書

（第一面）

建築主等の概要

【1．建築主】
【イ．氏名のフリガナ】
【ロ．氏名】 ○○○○株式会社 代表取締役○○ ○○
【ハ．郵便番号】
【ニ．住所】東京都
【ホ．電話番号】

【2．代理者】
【イ．資格】 （ 1 級）建築士 （ 大臣 ）登録第 号
【ロ．氏名】
【ハ．建築士事務所名】 （ 1 級）建築士事務所（ 東京 ）知事登録第 号
【ニ．郵便番号】
【ホ．所在地】
【ヘ．電話番号】

【3．設計者】
【イ．資格】 （ 1 級）建築士 （ 大臣 ）登録第 号
【ロ．氏名】
【ハ．建築士事務所名】 （ 1 級）建築士事務所（ 東京 ）知事登録第 号
【ニ．郵便番号】
【ホ．所在地】
【ヘ．電話番号】

【4．建築設備に関し意見を聴いた者】
【イ．氏名】
【ロ．勤務先】
【ハ．郵便番号】
【ニ．所在地】
【ホ．電話番号】

【5．工事監理者】
【イ．資格】 （ 1 級）建築士 （ 大臣 ）登録第 号
【ロ．氏名】
【ハ．建築士事務所名】 （ 1 級）建築士事務所（ 東京 ）知事登録第 号
【ニ．郵便番号】
【ホ．所在地】
【ヘ．電話番号】

【6．工事施工者】
【イ．氏名】 ○○○○○○
【ロ．営業所名】 建設業の許可（建設大臣 ）第 （ ） 号
【ハ．郵便番号】
【ニ．所在地】
【ホ．電話番号】

【7．備考】（仮称） 新築工事（計画変更確認申請）

（第二面）

建築物及びその敷地に関する事項

【1．地名地番】東京都

【2．住居表示】東京都

【3．都市計画区域の内外の別等】
■ 内（■ 市街化区域　□ 市街化調整区域　□ 区域区分未設定都市計画区域）　□ 外

【4．防火地域】　■ 防火地域　□ 準防火地域　□ 指定なし

【※5．その他の区域、地域、地区、街区】街並誘導型地区計画区域、機能更新型高度地区計画地域

【6．道路】
【イ．幅員】　12.000m
【ロ．敷地と接している部分の長さ】　17.891m

【7．敷地面積】
【イ．敷地面積】　(1)（531.51）（　）（　）（　）
(2)（　）（　）（　）（　）
【ロ．用途地域等】（商業地域）（　）（　）（　）
【ハ．建築基準法第５２条第１項の規定による建築物の延べ面積の敷地面積に対する割合】
（600.00）（　）（　）（　）
【ニ．建築基準法第５３条第１項の規定による建築物の建築面積の敷地面積に対する割合】
（80.00）（　）（　）（　）
【ホ．敷地面積の合計】　(1) 531.51㎡
(2)
【ヘ．敷地に建築可能な延べ面積を敷地面積で除した数値】　600.00 %
【ト．敷地に建築可能な建築面積を敷地面積で除した数値】　80.00 %
【チ．備考】　商業地域＋防火地域＋耐火構造－100.00%

【8．主要用途】　（区分　０８０３０）共同住宅

【9．工事種別】
■ 新築　□ 増築　□ 改築　□ 移転　□ 用途変更　□ 大規模の修繕　□ 大規模の模様替

【10．建築面積】　（申請部分　）（申請以外の部分　）（合計　）
【イ．建築面積】（　）（　0）（　）
【ロ．建築面積の敷地面積に対する割合】　%

【11．延べ面積】　（申請部分　）（申請以外の部分　）（合計　）
【イ．建築物全体】（　）（　0）（　）
【ロ．地階の住宅の部分】（　）（　0）（　）
【ハ．共同住宅の共用の廊下等の部分】
（　）（　0）（　）
【ニ．自動車車庫等の部分】（　）（　0）（　）
【ホ．住宅の部分】（　）（　0）（　）
【ヘ．延べ面積】（　）（　0）（　）
【ト．延べ面積の敷地面積に対する割合】　５９９．３４％

【12．建築物の数】
【イ．申請に係る建築物の数】　1
【ロ．同一敷地内の他の建築物の数】　0

【13．建築物の高さ等】　（申請に係る建築物　）（他の建築物　）
【イ．最高の高さ】（　３９．９５）（　）
【ロ．階数】　地上（　１３）（　）
地下（　１）（　）
【ハ．構造】　鉄筋鉄骨コンクリート造　一部　造

【14．許可・認定等】　建築基準法第６８条の３第５項の認定申請

【15．工事着手予定年月日】　平成　年　月　日

【16．工事完了予定年月日】　平成１４年　月　日

【17．指定特定工程工事終了予定年月日】　（特定工程）
（第　回）　平成　年　月　日（　）
（第　回）　平成　年　月　日（　）

【18．その他必要な事項】 ~~・地下1階に消火ポンプ室の追加及び各室面積の変更（意匠~~
・１階店舗の排煙を自然排煙から建設省告示に変更（意匠）
・３階ＡタイプのＬＤとＢＲとの間仕切壁を撤去し、ＬＤ１室に変更（意匠）
~~・杭偏心による基礎梁の補強・クレーン及びトラック走行による小梁、スラブの補強他（構造~~

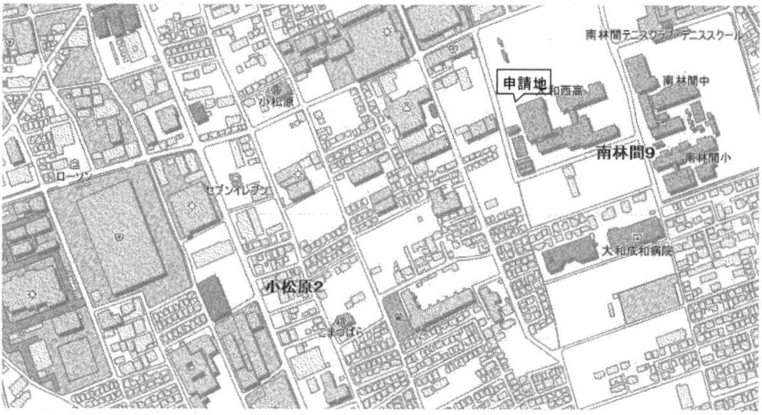
南林間テニスクラブ・テニススクール
申請地
大和西高
南林間中
南林間9
南林間小
小松原
ローソン
セブンイレブン
大和成和病院
小松原2
こまつばら

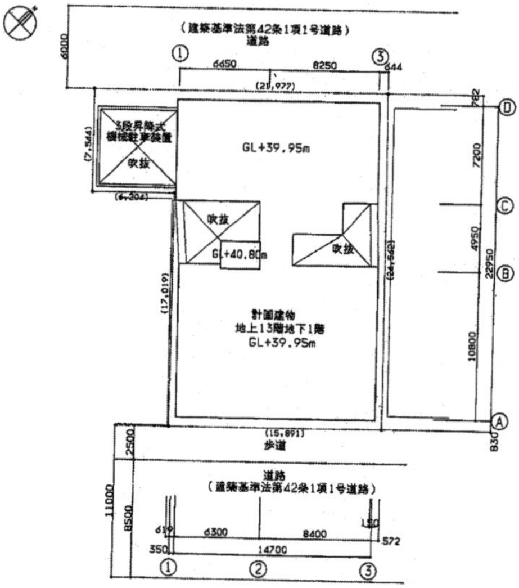
（建築基準法第42条1項1号道路）
道路
6000
①
③
6650
8250
644
(21,977)
782
Ⓓ
3段昇降式
機械駐車装置
吹抜
(7,544)
(6,204)
GL+39.95m
7200
Ⓒ
吹抜
GL+40.80m
吹抜
(24,562)
4950
22950
Ⓑ
(17,019)
計画建物
地上13階地下1階
GL+39.95m
10800
Ⓐ
(15,891)
830
2500
歩道
道路
（建築基準法第42条1項1号道路）
11000
8500
619
6300
8400
150
572
350
14700
①
②
③

（第四面）
建築基準法令による処分の概要書

【1．建築確認】
　【イ．確認済証交付者】
　【ロ．確認済証番号】　第　号　【ハ．交付年月日】　平成　年　月　日
（計画変更の確認）
⑴【イ．確認済証交付者】
　【ロ．確認済証番号】　第　号　【ハ．交付年月日】　平成　年　月　日
⑵【イ．確認済証交付者】
　【ロ．確認済証番号】　第　号　【ハ．交付年月日】　平成　年　月　日
⑶【イ．確認済証交付者】
　【ロ．確認済証番号】　第　号　【ハ．交付年月日】　平成　年　月　日

【2．中間検査】
⑴【イ．特定工程】
　【ロ．検査日】　平成　年　月　日
　【ハ．中間検査合格証交付者】
　【ニ．中間検査合格証番号】　第　号　【ホ．交付年月日】　平成　年　月　日
⑵【イ．特定工程】
　【ロ．検査日】　平成　年　月　日
　【ハ．中間検査合格証交付者】
　【ニ．中間検査合格証番号】　第　号　【ホ．交付年月日】　平成　年　月　日
⑶【イ．特定工程】
　【ロ．検査日】　平成　年　月　日
　【ハ．中間検査合格証交付者】
　【ニ．中間検査合格証番号】　第　号　【ホ．交付年月日】　平成　年　月　日

【3．完了検査】
　【イ．検査日】　平成 ○ 年 ○ 月 ○ 日
　【ロ．検査済証交付者】　○○○○ 株式会社
　【ハ．検査済証番号】　第○○○○号　【ニ．交付年月日】　平成 ○ 年 ○ 月 ○ 日

検査済証交付済み

【4．その他の処分】

【5．備考】

【6．建築基準法第12条第１項の報告】　対象・対象外　第１回目の報告を要する年度　年度

（注意）
1　各面共通関係　数字は算用数字を、単位はメートル法を用いてください。
※印のある欄は記入しないで下さい。
2　第一面　関係　確認申請書（建築物）の（第二面）と同一です。
3　第二面　関係　確認申請書（建築物）の（第三面）と同一です。
4　第三面　関係　①　付近見取図には、方位、道路及び目標となる地物を明示してください。
②　配置図には、縮尺、方位、敷地境界線、敷地内における建築物の位置、申請に係る建築物と他の建築物との別並びに敷地の接する道路の位置及び幅員を明示してください。
5　第四面　関係　第四面は記入しないでください。

4　埋蔵文化財包蔵地

埋蔵文化財とは、土地に埋蔵されている文化財（主に遺跡といわれている場所）のことで、埋蔵文化財の存在が知られている土地のことを周知の埋蔵文化財包蔵地といいます。全国で約46万か所あり、毎年9千件程度の発掘調査が行われています。

周知の埋蔵文化財包蔵地において土木工事などの開発事業を行う場合には、都道府県・政令市指定都市等の教育委員会に事前に届出等を、また、新たに遺跡等を発見した場合にも届出等を行わなければなりません。

土木工事等の開発事業の届出等があった場合、都道府県・政令指定都市等の教育委員会はその取扱い方法を決めます。具体的な方法は各役所の指示に従う必要がありますが、①工事立会のみで慎重工事指示の場合、②試掘調査を行い、その後は慎重工事指示の場合、③試掘調査の上発掘調査を行って遺跡の記録保存を行う場合の3つのケースに大きく分けられるようです。特に、③に至る場合には多額の費用がかかる場合があります。

相続税評価では、上記③の場合で、かつ、発掘費用等が合理的に見積もることができるときは、減価要因として考慮できること考えられます（平成20年9月25日国税不服審判所裁決）。

筆者の経験ではありますが、古都と呼ばれるような自治体に所在する土地や、かなりの深度まで基礎工事が必要となる規模の大きな建物の建築を行う場合を除けば、③に至るケースは少ないと思われますが、念のため確認しておくべきです。具体的には、役所の教育員会の生涯学習課等の窓口において下記を確認しておくとよいかと思います。

①　対象地が周知の埋蔵文化財包蔵地に入っていないか（埋蔵文化財包蔵地分布地図（遺跡地図）は役所のホームページで取得できることがあります（下記 遺跡地図の例 参照））
②　入っている場合の役所の取扱いの流れ
③　入っている場合の試掘調査や発掘調査等の費用負担（原因者負担か役

所負担か）

④　入っている場合、対象地周辺で同様の届出や調査は行われていないか

⑤　対象地周辺の届出や調査の内容から対象地について最有効使用の建物の工事のために届出を行った場合、上記①～③のどの流れで処理される可能性が高いと見込まれるか

⑥　上記の場合の試掘調査や発掘調査の費用水準

相続税評価額に直接影響を及ぼすことはあまりないかもしれませんが、実際の土地取引や物納では重視されますので、知っておいて損はないと思います。

なお、上記③の場合は、発掘調査等の費用見積についても検討する必要があることはいうまでもありません。

遺跡地図の例

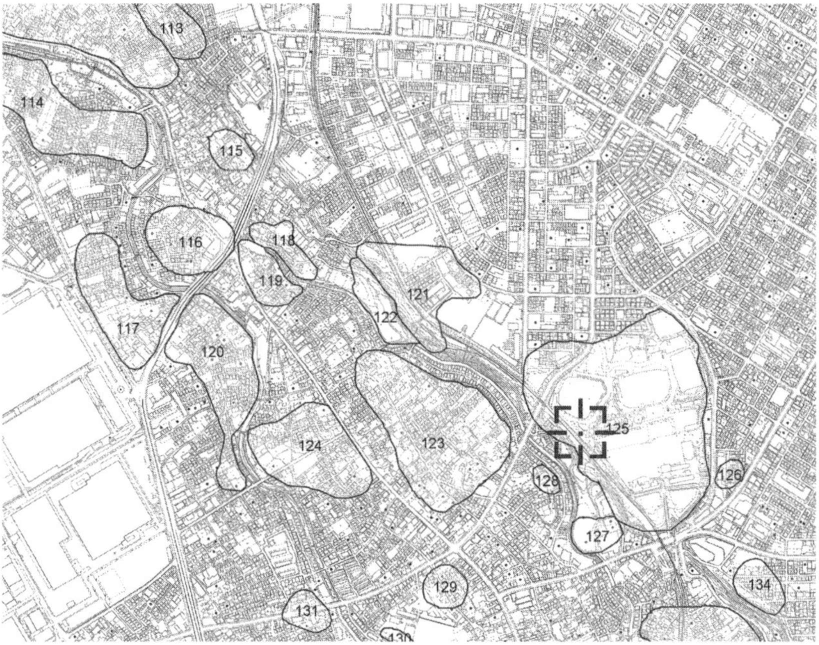

埋蔵文化財包蔵地の案内

埋蔵文化財包蔵地に該当する場合

⇒　工事着手前に届け出が必要です。

照会地が「周知の埋蔵文化財包蔵地」に該当する場合は、**文化財保護法第 93 条第 1 項に基づく「埋蔵文化財発掘届」（新規工事着手の届出）の提出が義務**付けられ、新規工事着手の60日前までに、東京都教育委員会へ届け出る必要があります。

届出は、区教育委員会の取り扱いなどに関する意見を付けたうえで、東京都教育委員会に提出しますので、**70 日前までに目黒区教育委員会生涯学習課文化財係に提出してください。**

提出書類（各 1 部。①・②・③の様式は、区ホームページからダウンロードできます。）
① 発掘届受付書
② 埋蔵文化財発掘届
③ 土地所有者承諾書（届出者と土地所有者が異なる場合）
④ 添付書類：現地案内図・求積図・配置図・基礎伏図・基礎深度のわかる断面図

協議

具体的な取り扱いを区教育委員会と協議をします。
対象地に対する取り扱いの内容は次のいずれかとなります。
・現状変更の禁止　　・発掘調査等（試掘調査・本格調査・立会調査・慎重工事）の指導

存否確認のための立会・試掘調査の実施

照会地の状況により、解体時立会調査あるいは試掘調査のいずれか、または両方を実施します。
但し、工事計画の掘削深度が浅い場合などは、着工時立会調査を指示する場合もあります。

○解体時立会調査

現地に建築物などがある場合はこれらの基礎を解体する際に専門の職員が現地に赴いて調査を実施し、遺跡の存否を確認します。（重機で一部掘削をお願いすることもあります。）

○試掘調査

現況が更地の場合は、区教育委員会が試掘調査を実施します。調査費用は区教育委員会が負担します。調査の結果、遺跡の存在が確認され、新規工事により破壊されてしまう場合には、本格調査が必要となります。

以上の調査によって遺跡が確認されなかった場合は、その後の調査の必要はありませんが、工事実施時に立会調査を行う場合があります。

本格調査の実施

立会調査・試掘調査実施の結果、本格調査の必要があると認められた時には本格調査を実施します。

本格調査の目的は、工事により、やむを得ず破壊されてしまう埋蔵文化財を発掘し、記録として保存することにあります。この調査は、現地発掘調査と整理調査からなり、成果を一般に公開するために報告書を作成します。ただし、現地発掘調査終了後は工事に着手することができます。

本格調査の費用負担は事業目的により異なります。
（1）公共土木工事・建築や営利目的のマンション建築等の事業の場合は、当該埋蔵文化財の現状保存を不可能とする原因となった土木工事等の事業者に負担していただき、調査を実施します。
（2）個人専用のための土木工事・住宅建築等の事業の場合は、公費負担により調査を実施します。

（お問い合わせ）
目黒区教育委員会事務局　生涯学習課文化財係
目黒区中目黒３－６－１０（めぐろ歴史資料館内）　**電話：03 － 5722 － 9320**
受付時間：平日 ８：３０～１７：００
※１階ロビーの内線電話で
文化財係をお呼び出しください。

埋蔵文化財に関する情報は、
目黒区ホームページでも確認できます。

埋蔵文化財関係手続きの流れ

（埋蔵文化財包蔵地に該当する場合）

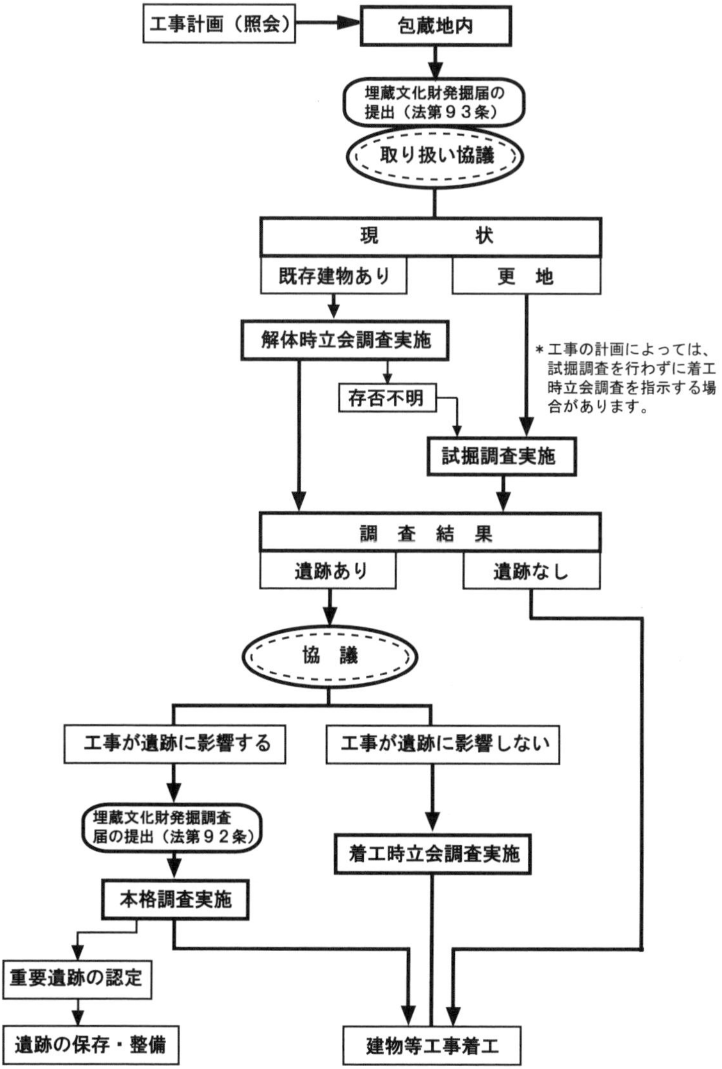

5　土壌汚染関連情報

対象地が特定有害物質等により汚染されているかどうかは、専門機関に依頼して実際に土壌を調査してみなければ分かりません。したがって、ここで説明する土壌汚染関連情報だけでは対象地が土壌汚染地かどうか確定することはできませんし、相続税評価においても土壌汚染地の可能性があるというだけでは減価要因として考慮することはできません（平成16年7月5日資産評価企画官情報第3号「土壌汚染地等の評価等の考え方について」、平成28年6月27日国税不服審判所裁決ほか）。

相続税評価に直接関係することは非常に少ないのですが、上記**4**と同様に実際の土地取引や物納では重視されますし、知っておいて損はありませんので簡単に紹介します。

なお、もし対象地がこのような施設に該当しているのであれば、具体的な土壌汚染調査実施の有無の確認、実施されていない場合には実施するかどうかの検討等が必要になるものと思われます。

役所で取得できる土壌汚染関連情報は大きく分けて次の5つです。

①　下水道法の特定事業場
②　水質汚濁防止法の特定事業場
③　土壌汚染対策法の要措置区域
④　土壌汚染対策法の形質変更時要届出区域
⑤　各自治体の条例による工場等（例えば、東京都の都民の健康と安全を確保する環境に関する条例（環境確保条例））

人の健康もしくは生活環境に係る被害を生ずるおそれのある物質を含む汚水又は廃液を排出する施設を「特定施設」、その特定施設を設置している工場、事業場を「特定事業場」といい、下水道法の特定事業場と水質汚濁防止法の特定事業場があります。

下水道法の特定事業場は各役所の下水道課等で、水質汚濁防止法の特定事業場は各役所の環境保全課等でリストとして公表されていますので、対象地がこれに該当していないか、周辺にそのような事業場がないか確認します。もし該当があれば、その内容を確認します。

③は、土壌汚染について人への摂取経路があり、健康被害が生ずるおそれがあるため、汚染の除去等の措置が必要な区域のことで、④は、土壌汚染について人への摂取経路がなく、健康被害が生ずるおそれがないため、汚染の除去等の措置が不要な区域のことです。いずれの区域も各役所の環境保全課等でリストとして公表されていますので、対象地が該当していないか、周辺にそのような事業場がないか確認します。もし該当があれば、その内容のコピー等を取得します。非常に大きな工場やその跡地が指定されていることが多いと思われますが、たまに既に住宅街として熟成しつつあるところに指定されていることがあります。

⑤は、上記①ないし④とは別に各自治体の条例で公表している施設です。これらの施設よりも広い基準で指定されていることがあり、「上乗せ条例」といわれることもあります。

こちらについても各役所の環境保全課等でリストとして公表されていますので対象地がこれに該当していないか、周辺にそのような事業場がないか確認します。もし該当があれば、その内容を確認します。

なお、東京都ではウェブサイトで上記のリストが公開されています。

②水質汚濁防止法の特定事業場

…東京都環境局「水質汚濁防止法に基づく届出事業場リスト」

③土壌汚染対策法の要措置区域及び④土壌汚染対策法の形質変更時要届出区域

…東京都環境局「要措置区域等の指定状況」

⑤各自治体の条例による工場等（環境確保条例）

…一部の役所のホームページで公開

例：北区「工場・指定作業場に関する届出情報の提供」

6　土砂災害特別警戒区域に関する情報

土砂災害警戒区域は、土砂災害が発生した場合、住民等の生命・身体に危害が生ずるおそれのあると認められた土地の区域であり、市町村による警戒避難体制の整備が義務付けられ、「イエローゾーン」ともいわれます。

土砂災害特別警戒区域は、土砂災害警戒区域のうち、建築物に損壊が生じ、住民等の生命又は身体に著しい危害が生ずるおそれのあると認められる土地として指定された区域のことをいいます。「レッドゾーン」ともいわれ、一定の開発行為の制限や居室を有する建築物の構造が規制されます。

土地の相続税評価では、土砂災害特別警戒区域内となる部分を有する宅地の価額は、その宅地のうちの土砂災害特別警戒区域内となる部分が土砂災害特別警戒区域内となる部分でないものとした場合の価額に、その宅地の総地積に対する土砂災害特別警戒区域内となる部分の地積の割合に応じて一定の減価を行うこととされています（評基通 20-6）。

これらに関する告示図書（図面等）は、県砂防課、所在地を所管する県の土木事務所（治水事務所）及び市町村の役所・役場で確認できますが、土地が所在する都道府県のホームページでも公表されています（神奈川県の場合、「神奈川県土砂災害情報ポータル」からアクセスすると確認することができます）。

土砂災害特別警戒区域に関する情報

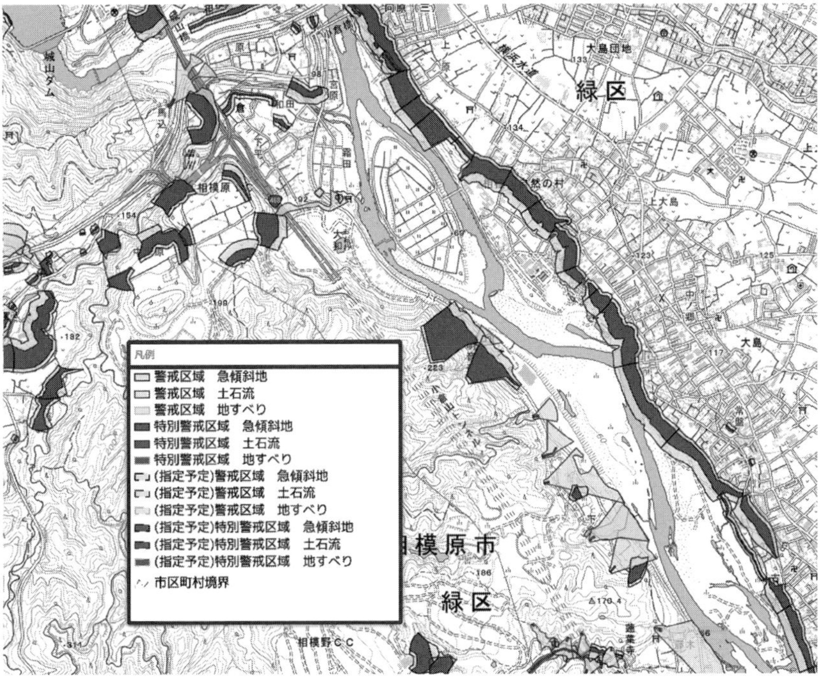

7　給水装置等情報

給水装置等情報とは、上水道担当部署が維持管理しやすいように、配水管と給水管などを大まかに示した市区町村内の配管情報です。配水管は道路に埋設され市区町村が管理している管、給水管は配水管から分岐して各土地につながる管をいいます。

対象地に給水管がある場合には「上水あり」、給水管はないけれども配水管から比較的容易に給水管を引き込むことができると認められる場合には「上水引込可」、給水管がなく、配水管からも距離がある等の理由により多額の工事費用が見込まれる場合には「上水なし」と呼んだりしています。

これらの情報は、対象地所在の自治体あるいは水道局等の給水課等で確認することができるほか、自治体によってはホームページで公表しているところもあります。ただし、あくまで大まかな位置を示したもので、対象地や建物内部の詳細な配管は所有者等の委任状がないと確認できませんし、厳密には現地等で調査すべき事項になります。

財産評価基本通達では給水装置等の整備状況で減価したりする規定がないので、直接土地の相続税評価に影響することはないのですが、土地利用者の利便性に関わることなので、実際の土地取引では非常に重視されているほか、特定路線価設定申出や物納においても調査を求められることがありますので、余裕があるのであれば調べておいて損はないと思います。

給水装置等情報

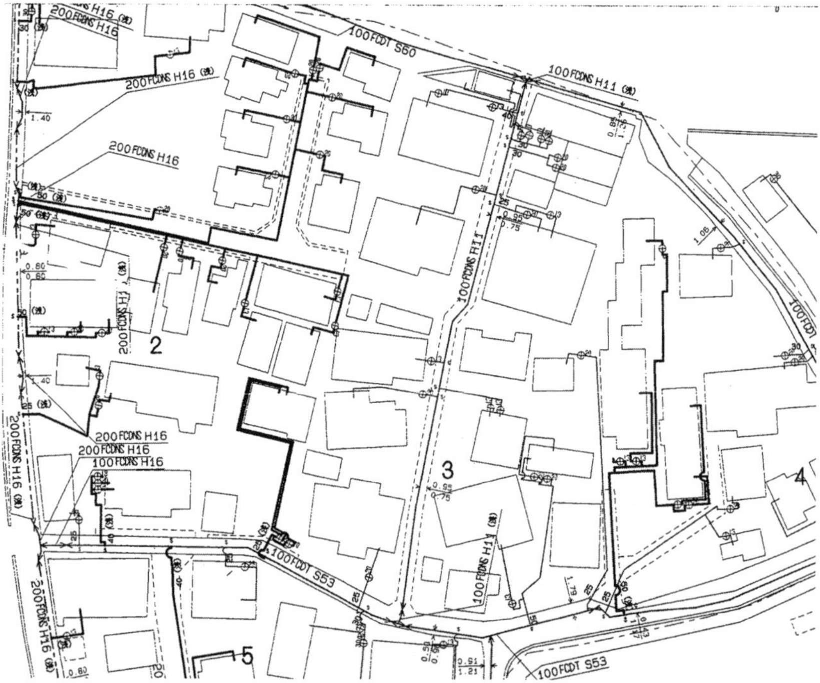

8　下水道台帳

下水道台帳とは、下水道担当部署が維持管理しやすいように、下水道管の埋設状況・公共ますの位置・マンホールの位置等を示した図面です。

公共ますは、宅内から排出される全ての排水が合流する最終ますのことを指し、公共ますより土地側の排水管については個人管理、公共ますを含んだ公道側の排水管（本管）については自治体管理となっています。公共ますがある場合には「下水あり」、公共ますはないけれども比較的容易に公共ますを設けて土地から自治体管理の排水管に排水を行うことができる場合には「下水引込可」、公共ますがなく、本管からも距離がある等の理由により多額の工事費用が見込まれる場合には「下水なし」と呼んだりしています。

これらの情報は、対象地所在の下水道課等で確認することができるほか、自治体によってはホームページで公表しているところもあります。ただし、あくまで大まかな位置を示したもので、対象地や建物内部の詳細な状況は所有者等の委任状がないと確認できませんし、厳密には現地等で調査すべき事項になります。

財産評価基本通達では下水道の整備状況で減価したりする規定がないので、直接土地の相続税評価に影響することはないのですが、土地利用者の利便性に関わることなので実際の土地取引では非常に重視されているほか、特定路線価設定申出や物納においても調査を求められることがありますので、余裕があるのであれば調べておいて損はないと思います。

下水道台帳

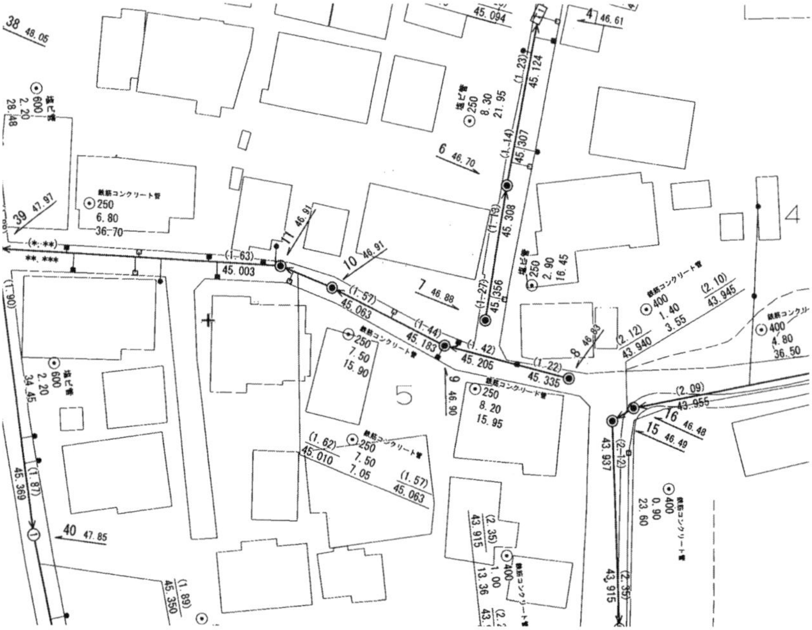

9　都市ガスの配管情報

都市ガスの配管情報とは、都市ガス供給会社が維持管理しやすいように、ガス会社が本管の埋設状況、取出管の位置等を示した図面です。

取出管がある場合には「都市ガスあり」、取出管はないけれども比較的容易に取出管を設けて本管から取出を行うことができる場合には「都市ガス引込可」、取出管ますがなく、本管からも距離がある等の理由により多額の工事費用が見込まれる場合には「都市ガスなし」と呼んだりしています。

これらの情報は、対象地所在の地域に都市ガスを供給している都市ガス供給会社の支店等で確認することができるほか、ホームページで確認できるようにしている都市ガス供給会社もあります。ただし、あくまで大まかな位置を示したもので、対象地や建物内部の詳細な状況は所有者等の委任状がないと確認できませんし、厳密には現地等で調査すべき事項になります。

財産評価基本通達では都市ガスの整備状況で減価したりする規定がないので、直接土地の相続税評価に影響することはないのですが、土地利用者の利便性に関わることなので実際の土地取引では重視されているほか、特定路線価設定申出や物納においても調査を求められることがありますので、余裕があるのであれば調べておいて損はないと思います。

都市ガスの配管情報

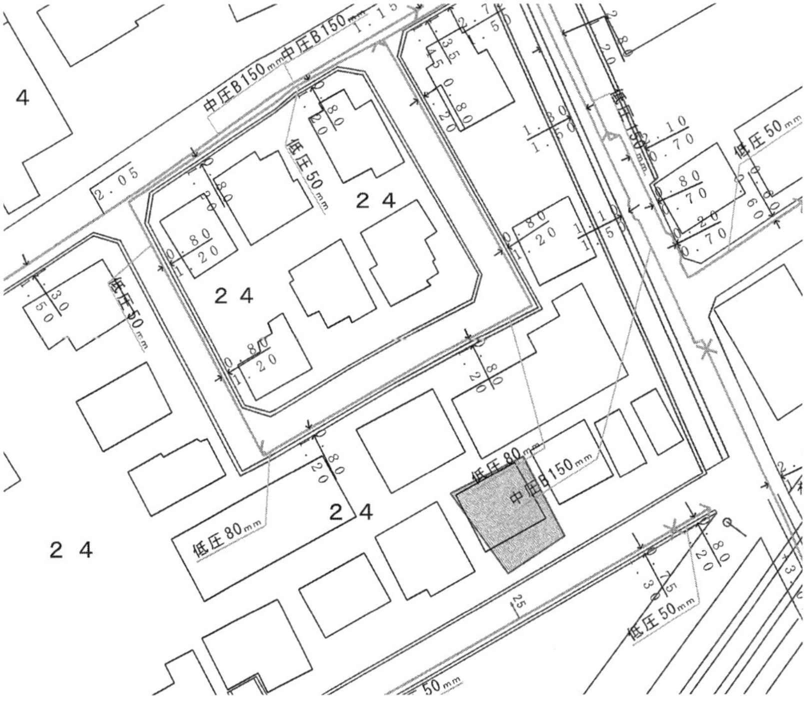

10　白図（地形図）

白図とは、道路、建物、鉄塔など施設や地形を表示する地図で地形図ともいい、都市計画図、街路網図の基となる図です。

白図には対象地の等高線や標高が記載されており、対象地の傾斜度や高低差、擁壁の存在が推測できることがあります。これらは、市街地農地等の評価（評基通 39、40）に係る宅地造成費の計算や、利用価値の著しく低下している宅地の評価（国税庁タックスアンサーNo. 4617）における減価要因を構成するのでとても役に立つと思います。また、鉄塔や鉄塔から延びる高圧送電線が描かれていることもありますので、ぜひ活用してみてください。

白図は、各自治体の都市計画課等で取得できるほか、ホームページで取得できるようにしている自治体も増えています。なお、縮尺は、2,500 分の 1、10,000 分の 1 など各自治体でばらつきがありますが、上記の利用目的で使うことを考えると縮尺が大きいものを取得しておくことをおすすめします。

白図（地形図）

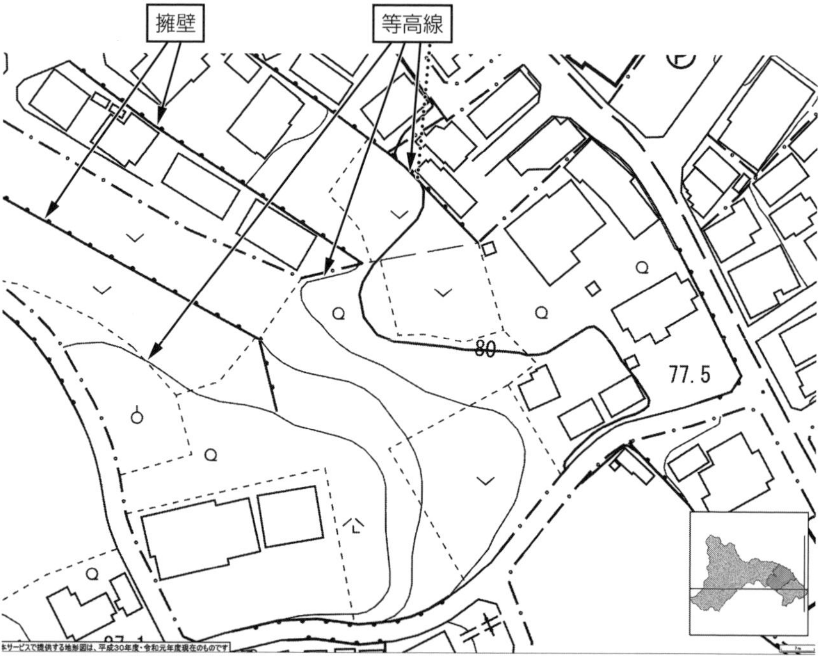

11　地籍調査の有無

地籍調査は、主に市町村が主体となって、一筆ごとの土地の所有者・地番・地目を調査し、境界の位置と面積を測量する調査です（第２章❷ **2** 参照）が、その進捗状況は、対象地が所在する市役所や町村役場の地積調査担当窓口で確認できます。

もし、対象地において地積調査が行われていて、既に成果物ができているのであれば、納税者の手元に座標面積計算書(※)などがあるので確認し、登記事項や公図・地積測量図等と齟齬がないか照合しておく必要があります。もし、亡失して納税者の手元にない場合、納税者自身あるいは、委任状を取得している代理人であれば役所の窓口でこれらを閲覧できるので確認をしておくべきです。

（※）一筆ごとの土地について、座標値・辺長・面積など、地籍調査による測量の結果を記載した計算書のことです（次頁参照）。

また、対象地周辺で地積調査が現在行われていない場合や、行われていてもまだ成果物ができていない場合でも、今後地積調査が行われる予定があるのか、いつ成果物ができあがるのかについては確認しておくべきです。近い将来行われる、あるいは成果物ができあがる予定がある場合には、登記地積が変わる可能性が高いことを示していますので、納税者と協議し、相応の準備をしておく必要があります（現況に近い地積を採用して加算税、延滞税の負担がなるべく生じないようにする、更正の請求漏れがないようにする等が考えられます）。

座標面積計算書

座 標 面 積 計 算 書

地番		地目	宅地

	筆界点	X	Y	辺長	方向角	備考
1	25A67	-72345.721	-63343.378	9.309	82-19-15	
2	25G47	-72344.477	-63334.152	9.847	151-32-16	
3	25E80	-72353.134	-63329.459	9.709	267-05-44	
4	25D44	-72353.626	-63339.156	0.759	358-06-48	
5	25I45	-72352.867	-63339.181	1.039	268-50-32	
6	25I46	-72352.888	-63340.220	2.270	262-12-07	
7	25G57	-72353.196	-63342.469	7.530	353-04-00	

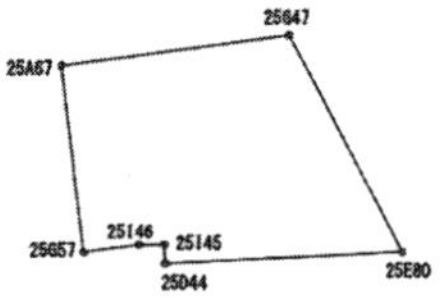

●:筆界点

面積算出公式

$$A= 1/2\ \Sigma X_n(Y(n+1)-Y(n-1))$$

倍面積 2A	186.036788	土地の所在			
面積 A	93.0183940	土地の所有者		縮尺	1/ 250
地積	93.018	図郭	J' 55-1		

事例コラム⑭　役所のホームページ等で得られる情報の例

役所のホームページ等で得られる土地の相続税評価に当たり必要な情報の主な例を挙げると以下のとおりです（実際に公開されている情報の種類や名称は役所によって異なります）。

〈都市計画指定図〉

市街化区域・市街化調整区域の別、用途地域、建ぺい率、容積率、都市施設（都市計画道路等）の位置などが記載されています。

〈建築基準法道路種別（指定道路図）〉

建築基準法の道路種別が記載されています。

〈道路台帳平面図〉

市町村道の現況幅員等が記載されています。

〈基準点位置図・境界点位置図（道路境界図）〉

市町村道の官民境界等が記載されています。

〈認定路線網図〉

市町村道の認定番号が記載されています。

〈下水道台帳平面図〉

公共下水道の本管、公共ますの概ね の位置や口径等が記載されています。

〈遺跡地図〉

周知の埋蔵文化財包蔵地の概ねの位置が記載されています。

〈土壌汚染対策法の形質変更時要届出区域・要措置区域〉

土壌汚染対策法の形質変更時要届出区域・要措置区域の一覧が記載されています。

〈土砂災害警戒区域・土砂災害特別警戒区域〉

土砂災害警戒区域・土砂災害特別警戒区域に指定されている箇所等が記載されています。

事例コラム⑮　地籍調査のチェックが漏れたため、2度評価することとなったケース

A税理士は、B市に多くの市街地農地を有する被相続人Cの相続税申告の依頼を受けました。Cが所有する土地の周辺は、Cと同様に古くから何名かの地主が先祖代々守り続けてきた土地が多く、法務局備付の公図は「準ずる図面」しかないほか、地積測量図の備付もほとんどありません。

B税理士は、相続人代表のDから名寄帳の提示を受け、これを基に登記事項証明書、公図、建物図面・各階平面図等を取得し、現地調査、役所調査を経て、土地及び土地の上に存する権利の評価明細書、市街地農地等の評価明細書の作成にとりかかりました。ただし、Cの所有地は数千m^2のものがたくさんあり、評価明細書が完成し相続税申告書案ができあがったのは、Cの相続開始から7か月が経過してからでした。

その後A税理士は、D宅において相続財産の評価や相続税申告案について説明していたところ、Dから「先日、相続した土地についてB市役所が境界の確認に来て、立会いをした」との話が出ました。

A税理士は慌てて、B市役所が作製した境界確認等の成果物がDの手元にないか確認したところ、相続した土地の座標面積計算書等の提示を受けました。

Ａ税理士はＤとの打ち合わせ終了後、Ｂ市役所の地積調査を担当する管理課に出向いたところ、Ｃの所有地を含む周辺は、地籍調査の作業が行われており、Ｃの所有地については数か月前に境界等が確定し、つい先日座標面積計算書をＤに交付していること、近い将来登記事項の更正や公図の変更が行われることが判明しました。

Ａ税理士は、再度Ｄから提示を受けた成果物を基にいちから評価明細書を作成し直さなければばらなくなりました。

このように、納税者からの申出がないからといって、地籍調査の有無をチェックしないまま評価作業を進めてしまい、業務終盤になって「お盆がひっくり返って」大変なロスになることがあります。

納税者から申出がなくても、最初の面談で納税者に質問することはできますし、役所の窓口や法務局ホームページ等で確認することができますので、作業の早い段階で確認しておきたいところです。

確認する内容は、現在対象地で地籍調査等が行われているか否かだけでなく、行われている場合は成果物の有無、登記事項等の変更時期、行われていなくてもいつ頃調査に着手する予定なのかということも含まれてきます。調査中でも、成果物の取得が相続税の申告期限までに間に合わない、近い将来に調査される予定の場合には、精度の低い公図等で評価せざるを得ないため、後から税務署から指摘があることも視野に入れて納税者と十分に検討することが必要になります（下記イメージ図１〜３参照）。

【公図】

【座標面積計算書】

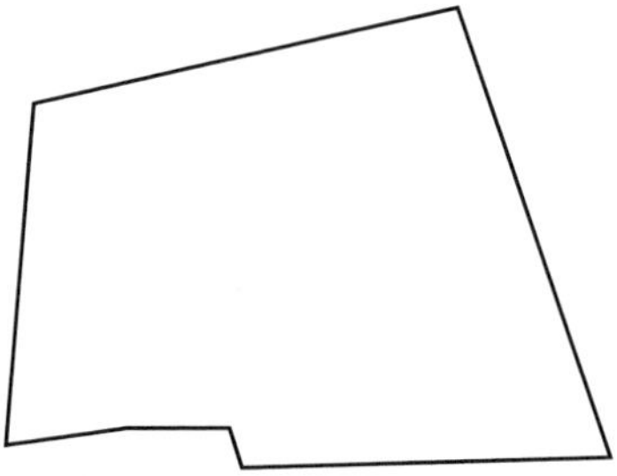

地籍も形状も変わっている。

【イメージ図 1】

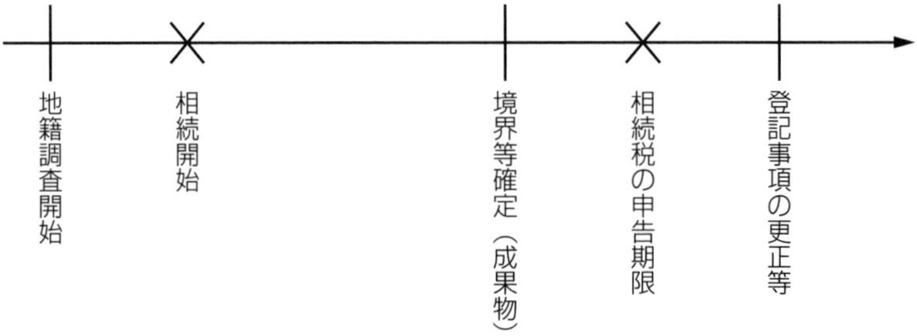

相続税の申告期限前に成果物があるので期限内に正しい地積等で申告できる。

【イメージ図 2】

相続税の申告期限に成果物がないので期限内に正しい地積等で申告できない。

→　十分な検討が必要

【イメージ図 3】

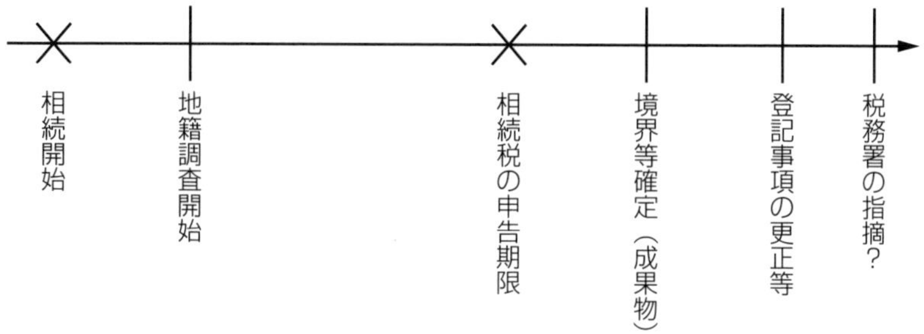

相続税申告期限に成果物がないので期限内に正しい地積等で申告できない。
→　十分な検討が必要

事例コラム⑯　道路境界図を取得しなかったため、対象地に不特定多数の者の通行の用に供されている道路が含まれていることが分からなかったケース

A 税理士は、B 市にいくつかの賃貸マンション等を所有する被相続人 C の相続税申告の依頼を受けました。その中の 1 つに、「D メゾン」という賃貸マンションがあります。D メゾンは、最寄り駅の E 駅から徒歩 15 分程度の戸建住宅を中心に、中低層共同住宅が介在する既成住宅地域に所在しています。

A 税理士は、あらかじめ準備した登記事項、公図、地積測量図、建物図面・各階平面図等を持って現地調査に向かいました。なお、時間等の関係から役所調査は現地調査の後に行うことにしていました。

現地に赴くと、D メゾンの土地はアスファルト舗装された通り抜け可能な道路に等高に接面しています。実際にメジャーを道路にあててみると、幅員はちょうど 4.0m ですが、道路の両端から約 0.5m 内側の位置に杭が打ってありました。

現地調査終了後、B 市役所の道路管理課において道路台帳平面図と道路境界図の交付を受け確認したところ、道路台帳平面図における幅員は 4.0m と記載されていますが、道路境界図における幅員（筆界と筆界の間の距離）は 3.0m となっています。道路は B 市道です。

A 税理士が道路管理課の担当者に上記の旨を伝え、どちらの幅員が道路法上の幅員なのか尋ねたところ、「(B 市では）道路台帳平面図記載の幅員はあくまで現況幅員で、道路境界図の幅員が道路法上の幅員であり、杭はその境界をあらわしている。現況道路の両脇 0.5m の部分は、市有地ではなく、元々の民有地をセットバック（建築基準法 42 条 2 項）したところである。」とのことでした。

この結果、対象地には不特定多数の者の通行の用に供されている道路が含まれていることが判明しました。

このように現地調査に赴くと、現況道路の内側に杭が打ってあるケースや杭の跡らしきものがあるケースがあります。元々は、杭と杭の間が道路だったけれども、セットバック等により拡幅されたにもかかわらず、市役所等に所有権が移転されないままになっている場合にみられます。このような場合の対象地は、有効宅地部分と現況道路部分の 2 利用区分で評価することになります。本事例の場合、現況道路部分は不特定多数の者の通行の用に供されていますので、対象地を全て有効宅地部分として評価すると過大評価になります。

【現地】

【道路台帳平面図】

【道路境界図】

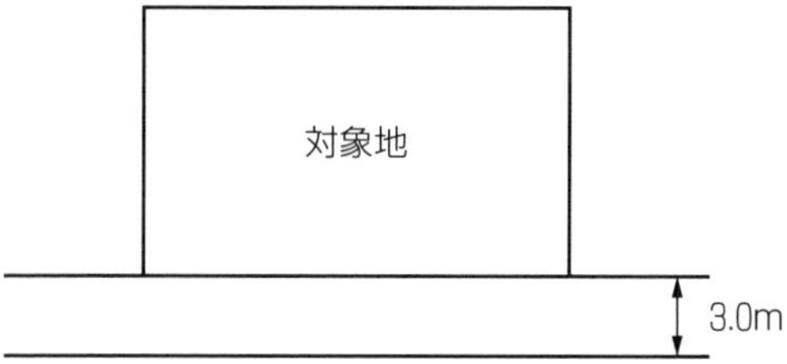

【評価区分】

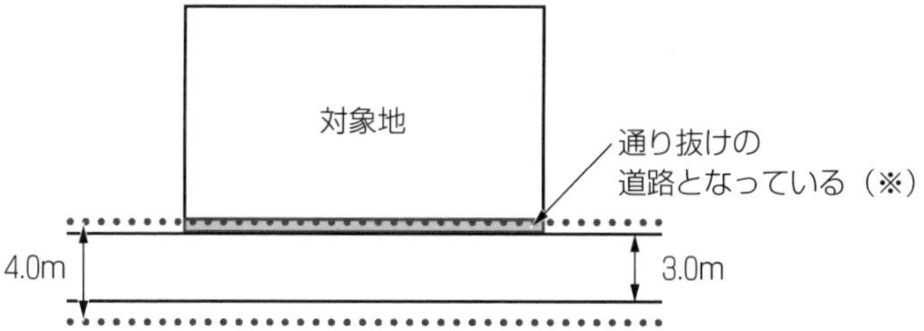

（※）通り抜けの道路となっている部分は区分して評価

事例コラム⑰　容積率のチェックをせずに遺産分割協議をしたため、分割後の各土地の上に存する建物の実際使用容積率が基準容積率を超過したケース

令和○年○月○日に亡くなったAは、B市にいくつかの賃貸マンション等を所有する古くからの地主です。

その中の1つである地番100番1の土地は、地積が3,000m^{2}で、南側で幅員約6mの市道に接しており、その上に「XYZマンション1」、「XYZマンション2」、自宅があります。XYZマンション1とXYZマンション2は道路に沿って東西に、自宅はその奥に建ち、3棟の間のスペースにXYZマンション1の駐車場、XYZマンション2の駐車場が配置されています。

XYZマンション1が実際に建っている土地と同マンションの駐車場となっている土地の地積は合計で1,300m^2、XYZマンション2が実際に建っている土地と同マンションの駐車場となっている土地の地積は合計で1,300m^2、自宅の地積は400m^{2}です。

一方、XYZマンション1の延べ床面積は2,000m^2、XYZマンション2の延べ床面積は3,600m^2、自宅の延べ床面積は400m^{2}です。それぞれの建物の建築確認済証では、いずれの建物も100番1の土地全部（3,000m^2）を建物の敷地として建築確認を得ています。なお、対象地は都市計画法上第一種住居地域となっており、建ぺい率は60％、容積率は200％に指定されています。

被相続人Aの相続人は長男Cと二男Dです。

CとDは、相続税申告書の作成を担当した顧問税理士の立会いの下、遺産分割協議を行ったところ、Cが自宅土地建物とXYZマンション1の土地建物と同マンションの駐車場を相続し、DがXYZマンション2の土地建物と同マンションの駐車場を相続する案が出てきました。Dとしては法定相続分を下回りますが、規模の大きいマンションが手に入るので遺産分割協議書に署名捺印をすることにしました。

相続開始後10年が経過したころ、Dは、XYZマンション2を取り壊し、同じ延べ床面積を有する新しいマンションの建築を計画しました。

先代から所有建物の建築をお願いしているE建設に設計を依頼したところ、同社のF一級建築士から前のマンションと同じ延べ床面積のマンションは建築できないと言われました。

Fによれば、100番1の土地の都市計画法上の規制、前面道路幅員による基準容積率の規制（本件では、前面道路幅員6m×0.4＝240％＞200％∴基準容積率200％）から、敷地面積の倍の2,600m^2の延べ床面積の建物しか建てられないというのです。DはB市建築指導課に出向き、職員にもかけあいましたがFと同じ見解であるほか、増築もできないといわれてしまいました。

規模の大きな宅地の上に地主の自宅や賃貸マンション等が建っており、いずれの建物も建築確認における敷地の範囲をその宅地全体としているケースはよくみられます。また、財産評価基本通達でも、相続人ごと、土地の利用区分ごとに分けて評価することとされており、分割後の各土地の実際使用容積率（本件では、3,600m^2÷1,300m^2≒276％）は考慮する必要がないので、後から税務署から指摘されることはないと思います。そういう意味では遺産分割協議に立ち会った税理士を責める理由はないと考えます。

しかし、分割の仕方によって、既存建物の実際使用容積率が基準容積率を上回る場合、この事例のようになんともいえない不公平感が残るのも事実です。建築に係ることであり、税理士としてはハードルが高いかもしれませんが、各建物の建築確認済証、検査済証、建築計画概要書は取得し、確認しておいた方がよいかもしれません。

【イメージ図】

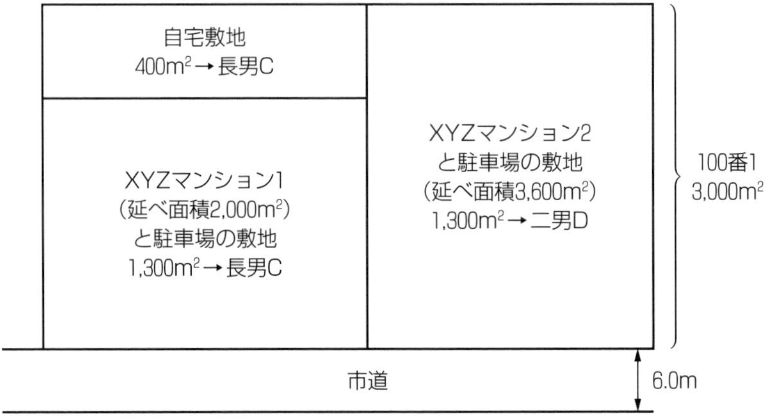

自宅、XYZマンション1、XYZマンション2いずれも100番1の土地全部を建物の敷地として建築確認を得ている。
第一種住居地域：指定建ぺい率60%、指定容積率200%
基準容積率：6.0m×0.4＝240%＞200%　∴200%
XYZマンション1の実際使用容積率：2,000m^2÷1,300m^2≒153%≦200%
XYZマンション2の実際使用容積率：3,600m^2÷1,300m^2≒276%＞200%
→XYZマンション2については、同規模の建物の建替え、増築不可

資料・用語索引

あ

遺跡地図……123
位置図……87
委任状……40

か

街路条件……5
家屋課税台帳……116
家屋補充台帳……116
画地条件……6
確定申告書……30
CAD ソフト……100
給水装置等情報……130
行政的条件……6
共同担保目録……14, 58
下水道台帳……132
建築基準法道路種別図……112
建築計画概要書・検査済証……118
高圧線……57, 88, 90
公図……60
公図（14 条地図）……62
公図（準ずる図面）……63
固定資産税課税明細書……25

さ

座標面積計算書……136
三角スケール……99
実測図……26
住宅地図……89
重要事項説明書……38, 46
竣工図……34
使用賃借地……20
設計図書……35
全国地価マップ……98
全部事項証明書（登記事項）……55
相続税評価物件確認一覧表……9
その他の条件……7

た

建物図面・各階平面図……67
地役権図面……69
地価公示価格の情報……93
地価公示標準地の不動産鑑定評価書……94
地図作成作業の案内……71
地積測量図……65
地籍調査の有無……135
地籍調査の資料……37
地目……18
賃貸住宅標準契約書……28
道路位置指定図……113
道路境界図……109, 141
道路台帳平面図……111
都市ガスの配管情報……133
都市計画図……108
都市計画道路……6, 106, 108
土砂災害特別警戒区域に関する情報……129
土壌環境調査報告書……39
土地の無償返還に関する届出書……32
土地利用状況ヒアリングシート……41

な

名寄帳……115

は

白図（地形図）……134
不合理分割……19
ブルーマップ……54

ま

埋蔵文化財包蔵地の案内……124
メジャー……99

ら

路線価図……91, 92

【著者略歴】

新富　達也（しんとみ　たつや）

税理士・不動産鑑定士

・平成５年埼玉大学経済学部卒業後東京国税局採用。
・平成12年不動産鑑定士試験合格後、一般財団法人日本不動産研究所にて様々な類型の不動産鑑定評価を経験したのち、有限会社フィールズ鑑定法人において資産税関連の不動産鑑定に多く携わる。
・平成23年税理士試験合格後、信託会社、税理士法人で相続税申告のほか、遺言書作成、遺産整理等の相続関連業務に従事。
・平成30年に独立開業。現在は、相続を中心とする税務業務・不動産鑑定業務の傍ら税理士等からの相続税評価実務に関する相談等を多く行っている。

〔主な寄稿〕

「不動産の相続税“評価術”７つの事例と７か条！」（『近代中小企業』中小企業経営研究会に寄稿）

「図面等の基本資料から読み取れること」（『税経通信2021年10月号』税務経理協会に寄稿）

新富税理士・不動産鑑定士事務所

不相談鑑定士事務所を併設する数少ないダブルライセンス事務所。
丁寧な現地調査、役所調査を通した不動産評価に基づく相続税申告を常に心掛けているほか、税務調査対応業務も行っている。
開業５年目の若い事務所ではあるが、「現場に神宿る」を座右の銘に日々各地を駆け回っている。

著者との契約により検印省略

令和５年３月20日　初版発行

はじめて相続税評価を行う税理士のための
相続税・贈与税
土地評価に係る 資料の収集と分析
事前資料から推測する減価要因

著　者　新富達也
発行者　大坪克行
印刷所　美研プリンティング株式会社
製本所　牧製本印刷株式会社

発行所　〒161-0033　東京都新宿区下落合２丁目５番13号　株式会社　税務経理協会

振替　00190-2-187408　電話（03）3953-3301（編集部）
FAX（03）3565-3391　（03）3953-3325（営業部）
URL　http://www.zeikei.co.jp/
乱丁・落丁の場合は，お取替えいたします。

ISBN978－4－419－06904－9　C3034